JN426464

청년들의 금융·투자 필독서!

스마트한 투자학

금진호 김만석 유경숙 공저

양 성 원

불법복사는 지적 재산을 훔치는 범죄행위입니다.

저작권법 제136조(권리의 침해죄)에 따라 위반자는 5년 이하의 징역 또는 5천만 원 이하의 벌금에 처하거나 이를 병과할 수 있습니다.

복잡하고 다양한 현대사회에서 금융에 대한 교육은 점점 중요해지고 있다. 요즈음 신문, 방송을 보면 금리, 환율, 주가지수, 가계부채, 금융사기 등 금융 관련 내용이 빠지는 경우가 거의 없다. 이처럼 현대사회를 살아감에 있어 금융은 매우 중요한 요소가 되었다. 그러나 막연히 금융을 어렵게 생각하여 멀리하는 학생들도 있는데, 선진국에서는 이미 전 국민의 금융이해력 증진을 위해 정부와 관련 기관들이 협업을 통해 금융교육을 적극 실시하고 있다.

그러나 많은 국민이 금융교육을 받을 수 있도록 양적으로 확대하는 것도 중요하지만, 양질의 금융교육이 적기에 제공될 수 있는 인프라를 구축하는 것 또한 중요하다. 최근에는 새롭고 다양한 금융상품이 출시되고 있고 금융과 IT가 결합한 핀테크 등의 신금융 서비스도 잇따라 출시되고 있다. 이러한 금융 환경의 변화로 우리의 생활이 매우 편리해진 반면, 사소한 실수나 잘못된 의사결정이 소중한 자산관리에 심각한 손실을 가져올 가능성이 높아졌으며, 금융범죄와 금융사기 수법 또한 날로 고도화되고 있다. 이런 상황에서 기본적인 생활을 꾸릴 수 있는 편리한 도구이자 자신의 삶의 울타리를 지키기 위한 '금융 소양(financial literacy)'을 갖추는 것은 선택이 아닌 필수로 여겨지고 있다. 특히 사회에 첫발을 내딛는 청년층에 대한 금융교육은 매우 절실하며 시급한 것이다.

지금 우리나라는 금융에 대한 다양한 기법의 발전으로 투자의 문이 점점 넓어지고 있다. 소액으로도 시장에 참여할 수 있는 길이 열리고 금융 거래의 편의성이 높아졌다. 대중에게 공급되는 금융 정보의 양도 증가했고 기회의 확대 측면에서 이런 변화는 바람직하다. 그러나 기회의 확대는 투자자로 하여금 더욱 쉽게 위험과 유혹의 늪에 빠지게 하는 어두운 면도 가지고 있다. 금융이라는 양날의 칼을 제대로 사용하려면 칼 쓰는 법을 기초부터 배워야 한다. 준비되지 않은 투자자는 투자에 대해 환상을 갖고 조바심을 내기 쉽다. 우리는 준비해야 한다.

이 교재는 투자자들이 일상에서 실제로 겪고 있는 문제에 도움이 되는 실천 가능한 지침과 실용이 가능한 지식과 내용을 반영하였다. 특히 이 교재를 집필한 교수진은 은행, 증권, 보험 등 금융·투자의 현장에서 30여 년을 근무한 전문 금융인으로서 금융 지식이 부족한 청년들에게 수준이 높고 방대한 금융 지식을 잔뜩 제공하는 것보다 에너지가 필요할 때마다 바로 섭취할 수 있도록 쉽고 재미있게 구성하려고 노력했다. 이 교재는 다른 금융 서적들과 달리 금융 이론보다는 실제 금융생활에 필요한 사례와 지식 및 유의사항 등을 중심으로 구성되어 있으며, 다양한 금융상품의 특성과 투자에 대한 방법, 4차 산업혁명에 따른 새로운 금융 환경 내용 등을 수록하여 실질적인 금융문제 해결에 도움이 되도록 집필하였다.

이 교재를 통해 청년 여러분이 투자의 본질을 깨닫고 수많은 마케팅과 금융정보 속에서도 자신을 지킬 수 있기를 바란다. 이 교재가 청년들이 금융을 쉽고 재미있게 이해할 수 있도록 돕는 안내서가 되어, 대학 시절은 물론 사회생활의 올바른 지침서가 되어 훗날 어려운 금융문제를 마주하게 되었을 때 등불 같은 역할을 하기를 기대한다.

2021년 2월

금융 전문 집필진 일동

Contents

chapter 04 부채와 신용관리 / 67

chapter 05 보험의 위험보장 / 75

chapter 06 금융을 활용한 부자 기초 다지기 / 93

Ⅱ. 투자의 이해

chapter 07 투자 이해하기 / 111

chapter 08 투자상품의 이해 / 127

chapter 09 투자에 성공하기 / 141

chapter 10 투자의 분석과 이해 / 157

chapter 11 투자의 피해와 예방 / 171

chapter 12 금융의 변화와 미래사회 / 189

part

I

금융의 이해

chapter

01 금융의 이해

1. 금융이란

금융(finance)이란 돈을 필요로 하는 사람에게 경제 활동이 원활하게 이루어지도록 자금을 공급하는 활동을 말한다. 좀 더 구체적으로 말하면 자금의 수요자와 공급자를 연결해 주는 것을 의미하며 이자를 댓가로 돈을 빌려주거나 빌려 쓰는 자금융통(資金融通)을 말한다.

따라서 금융에는 자금을 제공하고 이자 수익을 얻으려는 자금의 공급자와 이자를 지불하고 자금을 빌려 쓰려고 하는 자금의 수요자가 중요한 당사자가 된다.

한편 자금의 융통과 관련하여 자금이 수요자와 공급자를 연결해 주는 매개체가 금융 기관이며, 이러한 금융거래가 이루어지는 곳이 바로 금융 시장이다.

2. 금융의 역할과 기능

1) 자금 중개

금융은 여유자금을 가진 사람들의 돈을 모아서 자금이 필요한 사람에게로 전달하는 중개 기능을 한다. 사람들이 은행에 저축을 하면 이 돈을 모아서 돈이 필요한 개인이나 기업 그리고 정부에 대출하는 것이 일반적인 자금중개 형태였다. 그러나 금융시장이 발달함에 따라 채권이나 주식을 통한 금융 중개도 활발해졌다. 정부나 기업이 채권을 발행하면 금융회사가 이것을 매입하여 저축자나 투자자에게 판매하게 되는데 이러한 방식으로 자금 이동을 중개하는 것이다.

한편 개인이나, 기업이 자신들이 소유한 자산을 필요할 때 쉽게 현금으로 전환할 수 있도록 하는 것은 역시 금융의 도움이 있어야 가능하다. 개인들은 뜻밖에 현금이 필요할 때가 있고 기업들은 수입과 지출 사이에 차이가 있거나 새로운 사업기회가 필요할 때 추가적으로 돈이 필요한데, 이때 금융은 이들에게 필요한 유동성을 제공하는 역할을 한다.

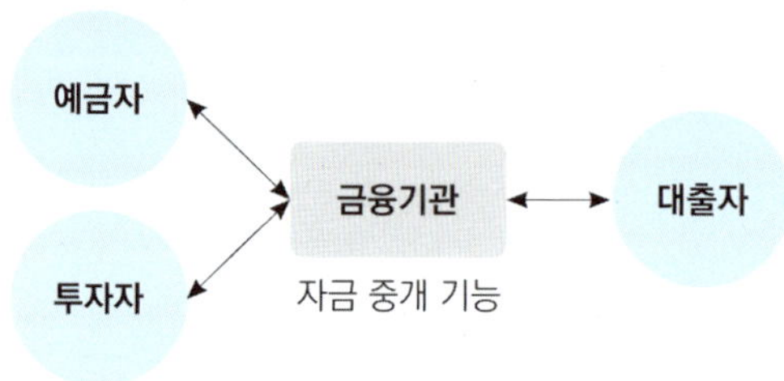

[그림 1-1] 금융의 역할

2) 거래의 원활

현대사회의 수많은 거래나 지불은 금융의 도움이 없으면 불가능하다. 멀리 떨어진 사람 간의 거래, 심지어는 외국에 사는 사람과의 거래는 물론이고 사용하는 화폐가 다른 경우에도 거래와 지불을 가능하게 해주는 것이 현대 금융의 역할이다. 특히 금융 산업의 발달에 따라서 현금은 물론이고, 체크카드, 전자상거래와 같이 수많은 지불수단이 등장하였다. 금융의 첫 번째 역할은 안전하고 편리한 거래시스템을 구축하여 거래가 가능하도록 하는 것이다.

또한 금융은 금융거래에서 발생하는 비용과 시간을 줄여 준다. 금융시장이 없다면, 여유자금을 가진 사람은 돈을 빌려주거나 할 곳을 찾는 데 시간과 노력이 많이 필요할 것이고 반대로 자금이 필요한 사람들도 필요한 자금을 조달할 곳을 찾아다녀야 한다. 금융시장도 일반시장처럼 수요자와 공급자에게 필요한 정보를 제공하여 금융거래 비용과 시간을 줄여 주는 역할을 한다.

3) 투자기회 제공

금융은 여유자금을 가진 사람들에게 투자의 기회를 제공한다. 여윳돈을 가진 사람들은 자신에게 맞는 투자처를 찾고 있는데 금융이 투자자에게 원하는 투자기회를 제공한다. 많은 소액 저축자들이 돈을 모아서 대규모 투자를 가능하게 하거나 단기간 투자하는 사람들을 많이 모아서 장기간 자금을 필요로 하는 기업에게 돈을 공급해 줄 수 있는 것은 모두 금융시장이 있기 때문에 가능한 일이다. 금융시장은 여유자금을 가진 사람에게는 투자의 기회를 제공하고 자금이 필요한 사람에게는 자금을 공급하여 효율적인 자원배분에 기여한다.

4) 위험의 전환

경제활동을 수행하는 데 있어서 위험(risk)이란 기대한 결과가 예상치와 달라지는 불확실성을 말하는데, 금융이 잘 작동하면 불확실성이나 위험을 적절히 분산하거나 해소할 수 있다. 금융은 다양한 기회를 제공함으로써 위험으로부터 투자자를 보호하고 비슷한 위험에 처한 사람들을 모아서 보험을 제공함으로써 위험으로부터 사람들을 보호하는 기능을 한다. 보험 상품을 구입하거나 주식, 채권, 펀드 등 다양한 상품을 제공하는 것도 개인의 불확실성이나 위험을 줄여 주는 것이다.

3. 금융시장

금융시장(financial market)이란 자금의 수요자와 공급자를 서로 연결시켜 주는 여러 형태의 시장들을 말하는데, 여유자금이 있는 경제주체와 자금이 부족한 경제주체 간에 경제적 활동으로 인해 발생되는 자금의 유통이 이루어지는 시장이다. 일반적으로 우리가 필요한 물품을 구매할 때 시장을 이용하게 된다. 시장은 이의 구매와 판매가 이루어지는 곳으로 물리적 형태와 공간이 있는 곳만을 의미하지는 않는다. 인터넷의 발달로 전자상거래가 활발해져 물리적인 공간 없이도 구매와 판매가 이루어지기 때문이다.

거래되는 상품이 금전이라는 차이만 있을 뿐 금융상품도 일반 재화와 동일한 상품이며 따라서 거래가 이루어지는 곳을 금융시장이라고 한다. 금융시장도 상품시장과 마찬가지로 많은 종류의 시장이 있고 다양한 금융상품이 거래되고 있다.

1) 직접금융시장과 간접금융시장

금융에서 자금공급자로부터 자금수요자에게로 자금이 흘러가게 하는 방법에는 크게 직접금융과 간접금융이 있다. 직접금융은 자금수요자가 자금공급자로부터 직접적으로 자금을 조달하는 방법으로 기업이 주식이나 채권을 신규 발행한 뒤, 증권시장을 통하여 개인이나 기관투자자에게 판매함으로써 자금을 조달하는 금융방식이다.

반면 간접금융은 자금공급자와 자금수요자 사이에 금융기관이 개입되어 자금의 흐름을 중개하는 방법이다. 가계가 일단 은행에 예금하면 은행은 모아진 자금을 기업에 대출해 주기도 하고 회사채나 국채를 구입한다. 이와 같이 기업은 주식시장이나 채권시장을 통해 자금공급자의 자금을 직접 조달하기도 하고 금융기관으로부터 자금을 대출받기도 한다.

2) 단기금융시장과 장기금융시장

금융시장에서 통상 거래되는 금융상품의 만기에 따라 크게 단기금융시장과 장기금융시장으로 나눌 수 있다. 화폐시장(money market)이라고 불리는 단기금융시장은 만기가 1년 미만인 단기금융상품이 거래되는 시장으로, 자금운영 과정에서 일시적으로 나타나는 자금과부족을 해소하는 시장이다. 우리나라의 경우에는 콜시장, 기업어음시장, 양도성예금증서(CD)시장, 환매조건부채권매매(RP)시장, 통화안정증권시장, 재정증권시장, 무역어음시장 및 상업어음매출시장 등으로 구성되어 있다. 만기 1년 미만의, 시장성과 유동성이 매우 높은 유가증권이 거래되는 금융시장이다.

반면 자본시장(capital market)이라고도 불리는 장기금융시장은 만기가 1년 이상인 금융상품, 즉 주식과 채권이 거래되는 시장으로서 주로 기업의 시설자금이나 장기운전자금의 조달이 이루어지는 시장이다.

3) 발행시장과 유통시장

금융시장은 발행시장과 유통시장으로도 분류할 수 있다. 발행시장은 주식이나 채권을 발행하여 투자자로부터 돈을 빌리는 시장을 의미하는데, 기업이 새로운 주식을 발행하여 장기적으로 자기자본을 조달하는 시장을 주식 발행시장(primary market)이라고 한다. 반면, 발행된 주식의 거래가 이루어지는 시장을 유통시장(secondary market)이라 하며 여기서는 채권이나 주식이 투자자들 사이에서 거래되는 시장이다. 유통시장에는 주식거래소시장, 채권시장, 선물시장 등이 있는데, 만기가 정해진 상품일지라도 쉽게 현금화할 수 있고, 시장가격도 이곳에서 결정된다.

4. 금융기관과 관련 기관

자금의 수요자와 공급자에게 각종 금융서비스를 제공하는 기관으로 금융서비스의 성격에 따라 금융기관은 크게 다음과 같이 분류된다. 즉, 은행, 상호신용금고 및 신용조합 등 예금과 대출서비스를 제공하는 기관과 보험회사와 같이 연금이나 보험서비스를 제공하는 기관, 증권 및 투자회사와 같이 브로커, 인수(underwriting) 등의 업무를 수행하는 기관이다. 우리나라의 금융기관도 다른 나라와 마찬가지로 은행, 증권, 보험의 3대 축으로 구성되어 있다.

1) 금융기관의 종류

우리나라의 금융기관은 크게 '은행과 비은행 예금취급기관', '증권회사와 기타 투자 관련 회사, '보험회사와 공제기관', '기타 금융기관 및 금융중개 보조기관'으로 구분된다.

① 은행

은행은 불특정 다수의 일반 국민으로부터 예금을 받아 기업, 가계 등에 대출을 해 주는 대표적인 간접금융기관이다. 즉, 은행은 자금의 사용기간, 규모, 위험 등이 상이한 예금자와 대출자 사이에서 이들을 연결시키는 중간매개자 역할을 한다. 은행은 이 외에도 지급결제업무, 외국환 관련 업무, 신용카드업무 등을 수행한다. 우리나라의 은행에는 일반은행과 특수은행이 있다. 일반은행은 영업지역에 따라 전국을 대상으로 하는 시중은행과 주로 특정지역에서만 영업을 하는 지방은행으로 구분된다. 특수은행은 정부가 특정 정책목적을 위해 설립·운영 및 관리하는 은행으로서 산업은행, 중소기업은행, 수출입은행 등이 이에 해당한다.

② 비은행 예금취급기관

신용도가 낮은 개인이나 기업을 대상으로 비은행 금융회사로는 저축은행이 있는데 지역 서민들과 기업을 대상으로 여수신 업무를 주로 하고 있다. 대출금리가 은행보다는 높지만 대신에 예금금리도 높다. 직장 단위의 신용협동조합, 지역단위의 새마을금고, 농·수협 단위조합의 농어민 협동조합 그리고 산림조합 등은 조합원에 대한 여수신을 통해 조합원 상호 간 상호부조를 목적으로 운영되는데, 이를 상호금융이라고도 한다. 우체국예금은 전국에 고루 분포되어 금융창구로 활용하고 있다.

비은행 예금취급기관들은 과거 은행의 문턱이 높았던 시절에 서민과 영세자영업자, 농어민들이 소액의 가계생활자금이나 영업자금, 영농자금 등을 쉽게 대출받을 수 있도록 하기 위해 정책적으로 육성한 지역서민 금융기관이다. 주로 도시지역에서 볼 수 있는 상호저축은행, 신용협동조합, 새마을금고와 농어촌지역에서 볼 수 있는 단위농협·수협, 산림조합 등이 이에 해당한다.

③ 증권회사

증권회사는 자본시장에서 주식·채권 등 기업이 발행한 증권을 매개로 하여 투자자의 자금을 기업에게 연결시켜 주는 것을 업으로 하는 대표적인 직접금융기관이다. 증권회사의 업무에는 크게 자기매매, 위탁매매, 인수주선 등이 있다. 자기매매는 증권회사의 자기명의와 자기계산으로 유가증권을 매매하는 업무이고, 위탁매매는 고객의 매매주문을 성사시키고 수수료를 받는 업무이다. 인수주선은 신규발행된 유가증권을 증권회사가 매출할 목적으로 취득하는 업무(인수업무), 증권회사가 자기명의로 일반투자자에게 이미 발행된 유가증권의 매매의 청약을 권유하는 업무(매출업무), 증권회사가 제3자의 위탁에 의해 모집 · 매출을 주선하는 업무(모집 · 매출 주선)를 말한다. 증권회사는 이 외에도 증권저축, 신용공여 등을 겸영업무로 영위하고 있다.

④ 투자 관련 회사

자산운용회사는 투자신탁 또는 투자회사 방식으로 구성되는 간접투자기구의 재산을 운용하는 것을 주된 업무로 하는 회사이다. 간접투자기구의 재산으로 운용할 수 있는 자산은 투자증권, 장내파생상품, 장외파생상품, 부동산, 실물자산 등이다. 자본시장에서 유가증권 매매와 관련된 업무를 하는 투자 관련 회사로는 이 외에도 선물회사, 투자자문회사 등이 있다.

⑤ 보험회사

보험회사는 보험계약자들로부터 일정한 보험료를 수취하고 예기치 못한 사고로 재산 또는 신체에 손해를 입은 계약자에게 일정한 보험금을 보상하는 것을 업으로 하는 회사를 말한다. 보험회사는 생명보험사과 손해보험사로 구분된다. 생명보험은 사망, 질병 등에 대비한 보험의 인수 · 운영이 주된 업무로서 장기저축기능과 상호보장 기능이 혼합되어 있다.

손해보험은 화재, 자동차사고, 해상사고 등에 대비한 보험의 인수 · 운영이 주된 업무로서 각종 사고발생에 따른 재산상의 손실위험에 공동 대처하기 위한 상호보장적 성격을 갖고 있다. 보험회사는 제2금융권 금융기관 중 하나이다.

다수의 보험계약자를 상대로 보험료를 받아 이를 대출, 유가증권, 부동산 등에 투자하여 보험계약자의 노후, 사망, 질병, 사고 시 보험금을 지급하는 업무를 영위하며, 생명보험회사와 손해보험회사 및 우체국보험이 있다.

생명보험은 사람이 일생을 살아가는 동안에 언제, 어느 곳에서 발생하게 될지도

모를 질병, 상해, 고도의 장해, 퇴직 등의 위험에 대비하여 경제적 손실과 노후생활을 보장하기 위한 목적으로 만들어진 경제적 제도이다. 손해보험이란 생명보험을 제외한 모든 보험을 말하며 화재보험, 해상보험, 자동차보험, 특종보험, 장기보험 등 많은 보험종목이 있다.

⑥ 공제기관

일반 보험회사 외에 보험업을 영위하는 회사로는 재보험사, 보증보험사가 있다. 재보험은 보험에 보험을 듦으로써 보험회사의 위험을 분산・공유하는 것을 말하며, 보증보험은 공사입찰, 신원 등을 보증해 주는 것을 말한다. 그리고 엄격한 의미에서 보험회사는 아니지만 유사보험기관으로 공제기관이 있다. 공제는 특정 직종 또는 조직에 소속된 구성원들 사이에서 상호부조를 목적으로 운영되는 간이보험서비스를 말한다. 교원공제회, 건설공제조합, 택시공제 등이 이에 해당한다. 신용협동조합 등 일부 상호금융기관들도 부분적으로 공제사업을 하고 있다.

⑦ 기타 금융기관

금융회사 중에서 고객의 예금을 바탕으로 돈을 빌려주거나 투자를 하는 경우도 있지만, 고객으로부터 자금을 모으지 않고 돈을 빌려주는 금융회사들이 있다. 시설대여(리스), 할부금융 그리고 신기술사업 금융업이 여신을 전문으로 하는 금융회사들이다.

리스는 건물, 자동차, 기계, 사무기기 등을 구입하여 사용자에게 대여하여 사용료를 받는 일을 한다. 리스 서비스를 이용하는 소비자는 자산관리의 부담이나 한꺼번에 많은 자금을 마련할 필요가 없는 장점 때문에 리스회사를 이용한다.

할부금융은 판매사나 제조사에서 상품을 구입할 때 할부금융회사가 미리 돈을 내고 소비자는 일정기간 나누어서 갚는 것을 말한다. 금융회사 이름에 주로 '캐피탈'이라는 이름이 붙은 금융회사들이 전형적인 할부금융회사이다.

신용카드 회사는 전형적인 여신전문 금융회사인데 소비자가 구입하는 상품의 가격을 미리 지불하고 결제일에 한꺼번에 금액을 받거나 나누어서 갚게 하고 기간 동안에 발생하는 이자소득이나 사용수수료로 수입을 올린다.

⑧ 금융중개보조기관

금융중개보조기관으로는 신용보증기관, 신용정보사, 자금중개회사, 증권선물거래소 등이 있다. 신용보증기관은 신용이 낮고 담보력도 부족한 개인 또는 기업에 대하여 채무의 이행을 보증해 주는 기관으로서 신용보증기금, 기술신용보증기금이 있다. 신용정보사는 신용조회, 신용조사, 채권추심, 또는 신용평가를 업으로 하는 회사를 말하는데, 채권추심사와 신용평가사가 주축을 이루고 있다.

[표 1-1] 금융기관의 종류

금융기관	분류	주요기능
은행	일반은행	가계나 기업에서 예금·신탁을 받거나 채권을 발행하여 모은 자금을 돈이 필요한 사람에게 빌려주는 업무. 다양한 서비스와 편리성을 갖추고 있으며 예금 금리가 비교적 낮음
	특수은행	채산성이 낮아 자금을 지원받기 어려운 곳에 도움을 주는 업무. 한국산업은행, 한국수출입은행, 중소기업은행, 농업협동조합중앙회, 수산업협동조합중앙회 등
비은행 예금 취급기관	새마을금고	지역 주민 및 소기업 대상의 예금 및 대출 업무
	상호저축은행	지역의 서민, 소규모 기업 대상의 예금 및 대출 업무
	신용협동조합	조합원에게 예금 및 대출 업무를 하며 조합원 간 상부상조 도모
	우체국 예금	전국 우체국에서 취급 중인 공영 예금기관
보험회사	생명보험회사	보험 계약자로부터 징수한 보험료를 대출·유가증권·부동산 등에 투자하여 보험계약자의 사망 보험금 지급 업무
	손해보험회사	
금융투자 회사	증권회사	주식·채권 등 유가 증권의 매매·인수·중개 업무
	자산운용회사	증권투자대행기관의 역할을 하며, 전문지식이 부족하거나 직접투자가 어려운 투자자들이 이용하기에 적합한 투자신탁펀드 및 뮤추얼펀드 운용
기타 금융기관		기타 금융 중개 업무를 맡는 기관으로 여신 전문 금융회사, 증권 금융회사, 증권투자회사, 선물회사, 자금중개회사, 투자신탁회사, 투자자문회사, 유동화 전문기관 등

2) 금융 관련 기관

① 한국은행

한국은행은 우리나라의 중앙은행으로 화폐를 발행하는 발권 은행이다. 화폐의 발행 외에 한국은행이 하는 가장 중요한 역할은 통화신용정책을 수립하고 집행하는 것으로 다양한 정책수단을 통해 돈의 양이나 금리가 적정한 수준에 머물도록 영향을 미친다. 이를 위해 한국은행의 금융통화위원회는 매월 기준이 되는 기준금리(정책금리)를 정하고 여타 통화 신용정책에 관한 결정을 내린다.

또한, 한국은행은 금융회사를 상대로 예금을 받아 금융회사 고객의 예금인출에 대비한 지급준비금 등으로 이용하고 금융회사에 대출을 해 주며 자금부족에 직면한 금융회사가 순조롭게 영업을 할 수 있도록 도와주는 등 은행의 은행이며 국민이 정부에 내는 세금 등 정부 수입을 국고금으로 받아 두었다가 정부가 필요로 할 때 자금을 내 주는 정부의 은행이기도 하다.

우리나라의 중앙은행인 한국은행은 1950년 6월 「한국은행법」에 의해 설립되었다. 한국은행의 주목적은 국민경제 발전을 위한 통화가치의 안정과 은행신용제도의 건전화와 기능향상에 의한 경제발전과 국가자원의 유효한 이용을 도모하는 데 있다.

한국은행의 주요 기능은 먼저 통화량의 조절 및 자금의 효율적 분배기능을 들 수 있는데 이를 위하여는 금융기관에 대한 대출금리를 조정하거나 대출의 한도를 설정, 변경하는 정책, 금융기관의 지급준비율을 변경하는 지급준비율 정책 및 공개시장에서 채권을 매입 또는 매각하는 정책 등의 수단을 사용한다. 또한 금융기관 신설 등에 대한 검사, 금융분쟁의 조정 등의 업무를 취급한다. 그 밖의 주요 기능으로는 은행권의 발행, 정부와의 여수신 업무의 취급, 외국환의 관리 및 외국환 업무(정부의 위임업무) 등을 들 수 있다.

[그림 1-2] 한국은행 전경

② 금융감독원

금융감독원은 금융기관을 감시하고 감독하는 업무를 주력으로 하는 특수기관이다. 국내 금융정책을 총괄하는 금융위원회의 지시를 받아 금융 현장에서 금융기관을 관리, 감독하는 일을 맡고 있다. 금감원이라는 약칭으로 불리기도 한다.

금융감독원은 금융산업의 선진화와 금융시장의 안정을 도모하고 건전한 신용질서와 공정한 금융거래 관행을 확립하며 예금자 및 투자자 등 금융수요자를 보호하여 국민경제 발전에 기여할 목적으로 설립되었다.

주요 업무는 △금융회사의 감독과 검사 △자본시장 감독 △회계 감독 △금융소비자 보호 활동 △국제협력 및 교류 등이다. 은행, 증권, 보험사 등 금융회사의 인허가를 맡고 있으며 이들 금융기관의 재무 건전성을 감독하는 기능을 한다. 또 감사보고서의 회계 기준을 마련하고 불공정 거래를 적발하는 업무를 맡는다. 금융 분쟁을 조정하고 금융위원회 등 상위 기관의 업무를 돕는 일도 병행한다.

금감원은 일반 금융소비자를 위해 유익한 정보를 공개하고 있다. 금감원이 운영하는 전자공시시스템(http://dart.fss.or.kr)은 상장법인 등이 공시서류를 인터넷으로 제출하고, 투자자 등 이용자는 이것을 인터넷을 통해 조회할 수 있도록 하는 종합적 기업 공시 시스템이다. 일반인 및 투자자 등 누구나 전자공시시스템을 통하여 국내 각 상장기업들이 제출한 사업보고서, 분기보고서, 투자설명서, 주주총회 결과 보고서, 주요주주 특정 증권소유상황 보고서 등 다양한 공시자료를 열람할 수 있다.

이곳에서 각 기업의 개황정보, 배당에 관한 사항, 사업의 내용, 영업 및 재무 현황, 동종업계 시장분석 내용, 경영 실적, 계열사 및 주주관계 등 다양한 정보를 파악할 수 있다.

한편 금감원은 산하의 금융소비자보호처를 통하여 금융회사와 금융소비자 간 분쟁을 조정하며, 금융회사의 경영정보도 공개하고 있다.

③ 예금보험공사

예금보험공사는 금융기관이 파산 등으로 예금을 지급할 수 없는 경우 예금의 지급을 보장함으로써 예금자를 보호하고 금융제도의 안정성을 유지하는 업무를 담당하기 위해 설립(1996.6.1.)되었다.

예금보험공사의 주요기능인 예금보험제도는 금융기관으로부터 보험료를 납부받아 예금보험기금을 조성해 두었다가 금융기관의 경영이 부실하거나 파산해 고객들의 예금을 돌려줄 수 없게 되면 예금을 대신 지급하는 제도이다. 따라서 예금보험공사의 주요 업무는 예금보험기금을 조달하고, 금융기관이 영업정지나 파산 등으로 고객들의 예금을 돌려주지 못하게 되면 예금보험공사가 이를 대신 지급하는 것이다.

또한, 부실금융기관이 발생했을 경우 부실금융기관의 합병 등의 알선, 계약이전, 정리금융기관의 설립 및 자금지원 등을 통하여 부실금융기관을 정리하기도 한다.

한편, 예금보험공사는 5개 금융권역에 해당하는 금융기관의 예금을 원금과 이자를 합쳐 1인당 5,000만 원까지 보장해 주고 있다. 금융기관의 모든 상품이 보호를 받는 것은 아니고, 예금상품만 대상일 뿐 운용실적에 따라 원금손실이 발생할 수 있는 투자상품은 보호받지 못한다.

④ 신용회복위원회

신용회복위원회는 비영리 사단법인으로 신용회복지원의 극대화를 통하여 채무불이행자의 경제적 재기를 지원하고 가계의 파산을 예방하며 서민의 금융 상담과 신용교육을 전담하는 신용관리전문기구로서의 기능을 수행한다.

영세 자영업자에게 무담보로 소액대출을 해 주고, 실패한 중소기업의 재창업을 지원하며 소득이 전혀 없거나 부족한 과중채무자에게 취업정보 등을 제공한다. 신용회복위원회는 과중채무자 급증에 대한 대책의 일환으로 과중채무자의 조속한 경제적 재기를 지원하기 위하여 2003년 11월 설립되었다.

2016년 9월「서민의 금융생활 지원에 관한 법률」시행에 따라 특수법인으로 재출범했으며, 사전채무조정이나 개인워크아웃을 통해 과중 채무자의 원리금 감면 및 변제유예 등의 방법으로 채무를 조정해 주거나, 저신용등급으로 인해 제도권 금융기관을 이용하지 못하는 금융소외계층에 대해 긴급 금융을 지원하는 일을 하고 있다.

chapter

02 주요 금융지표

1. 금리

금리(interest rate)란 한마디로 돈의 가격이다. 일반 시장에서 물건을 사고팔 때 가격이 존재하듯이 돈을 빌려주고 받는 금융시장에서도 일종의 가격이 형성되기 마련이다. 돈을 쓴 데 대한 대가를 지급하는데 이를 이자라 하며, 이자의 원금에 대한 비율을 이자율 또는 금리라고 한다. 금리는 여러 가지 기능을 수행하고 있는데 가장 중요한 것이 돈을 빌리려고 하는 자금의 수요와 돈을 빌려주고자 하는 자금의 공급을 원활히 조절해 주는 기능이다. 자금의 공급보다 수요가 많으면 금리가 오르고 그러면 돈을 빌리는 데 많은 비용이 들기 때문에 자금에 대한 수요가 점차 줄어드는 반면 이자가 많아져 자금의 공급은 늘어나게 되어 결국 수요와 공급이 같아지게 된다.

금리는 자금의 배분 기능도 수행한다. 금리가 오를 경우 자금의 공급은 늘어난다. 한편 장사가 잘 되는 산업부문은 더 많은 금리를 줄 수 있으므로 그 쪽으로 돈이 몰리게 된다. 결국 금리는 이익을 많이 내는 산업으로 더 많은 자금이 흘러가도록 함으로써 나라 전체적으로 보다 효율적인 자금 활용이 가능하게 된다.

금리는 계산방법에 따라 단리와 복리로 나뉜다. 단리는 원금에 대한 이자만 계산하는 방식이고, 복리는 원금에 대한 이자뿐만 아니라 이자에 대한 이자도 함께 계산하는 방법이다. 또한 금리는 돈의 가치, 즉 물가의 변동을 고려하느냐에 따라 명목금리와 실질금리로 구분할 수 있다.

1) 명목금리(nominal rate of interest)

명목금리는 돈의 가치변동을 고려하지 않는 금리이며 물가상승률을 감안하지 않고 표시된 금리로 물가상승률을 차감하여 산정되는 실질금리에 상대되는 개념이며 경우에 따라 복리로 계산되지 않은 단리개념의 금리를 말하기도 한다.

2) 실질금리(real rate of interest)

물가상승을 감안한 이자율을 말한다. 앞으로 인플레이션이 있을 것으로 예상하면 투자자는 실질금리에 예상 인플레이션을 더한 만큼의 이자율을 받으려는 경향을 보이기 마련이다. 이때 금리를 명목금리(nominal rate of interest)라고 한다. 다시 말해, 실질금리는 명목금리에서 예상인플레이션율을 뺀 것으로 이때, 인플레이션율이 보다 높아지면 실질금리는 마이너스가 된다.

3) 기준금리(base rate)

기준금리란 한 나라의 금리를 대표하는 정책금리로 각종 금리의 기준이 된다. 중앙은행은 기준금리를 정하여 각종 금리의 기준이 되도록 하며, 그 수준은 국내외 경제상황의 변화에 맞추어 유동적으로 조정한다. 한국은행은 물가 동향, 국내외 경제상황, 금융시장 여건 등을 종합적으로 고려하여 연 8회 기준금리를 결정하고 있다. 이렇게 결정된 기준금리는 초단기금리인 콜금리에 즉시 영향을 미치고, 장단기 시장금리, 예금 및 대출 금리 등의 변동으로 이어져 궁극적으로는 실물경제 활동에 영향을 미치게 된다.

4) 시장금리(money market rate)

시장금리는 일반적으로 시중 금융기관이 대출할 때의 금리를 말한다. 시중 금융기관의 금리는 은행이 어음을 할인할 때의 금리, 수입 시의 금리, 콜금리 등 여러 가지가 있으나, 시장금리라 할 경우는 대출할 때의 금리를 가리켜 말한다. 시장금리의 대부분은 그 최고 한도를 규제하고 있다. 금융시장의 사정을 반영하는 대표적인 금리는 정부 금융기관 및 중앙은행 이외의 민간 금융기관이 실제 적용하고 있는 예금금리, 대출금리, 민간금융기관 상호 간에 이루어지는 콜이율, 할인율 등을 말하며, 일반적으로는 시중은행의 대출금리를 가리키는 경우가 많다. 한편 시장금리는 경기 동향, 금융 사정을 반영하여 변동된다.

5) 가산금리

기준금리에 신용도 등의 조건에 따라 덧붙이는 금리를 가산금리(스프레드: spread)라고 한다. 즉, 대출 등의 금리를 정할 때 기준금리에 덧붙이는 위험가중 금리를 말한다. 따라서 신용도가 높아 위험이 적으면 가산금리가 낮아지고, 반대로 신용도가 낮아 위험이 많으면 가산금리는 높아진다. 실제로 우리나라는 1997년 외환위기 시 부족했던 달러화를 해외에서 차입하거나 외평채를 발행할 때 높은 가산금리를 지불한 경험이 있다. 이는 우리나라가 외환위기로 인해 대외신인도가 그만큼 낮아진 데 따른 것이다.

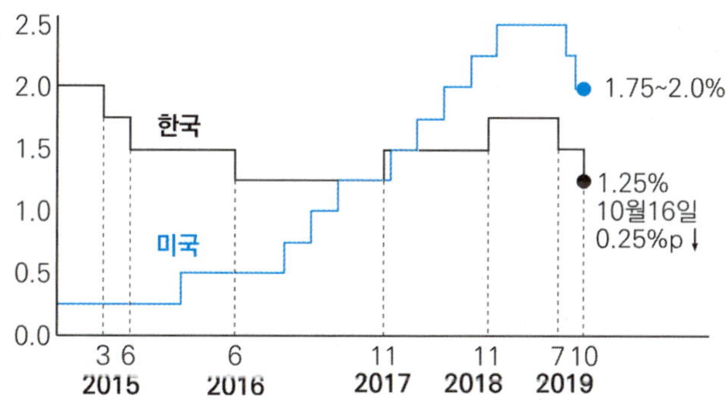

[그림 2-1] 한 · 미 기준금리 추이

출처: 한국은행, 미국연방준비제도(FED).

2. 주가

주가는 주식의 가격이다. 주식은 거의 모두가 증권거래소를 거치기 때문에 주가라고 하면 일반적으로 거래소에서 형성되는 가격을 말한다. 주가는 장래의 수익전망 경제동향 등을 감안한 주식시장의 수요공급에 의해 결정된다. 한편 주가는 회사의 자산상태, 배당능력, 성장성 등의 변화에 따른 주식 자체의 요인과 자금의 수급관계나 기관투자자동향 등 시장내적 요인, 정치, 사회동향이나 통화, 물가, 금리 등 시장외적 요인의 영향을 받는다.

1) 주식시장

일반적으로 증권이라 하면 주식과 채권을 의미하는데, 증권시장은 이러한 증권이 정부나 공공단체 또는 기업으로부터 일반투자자에게 공급되고 다시 많은 투자자들 사이에 매매되는 시장을 말한다. 증권시장을 넓은 의미로 보면 증권의 수요와 공급이 조절되는 추상적 시장을 의미하며 좁은 의미로는 일정한 시간에 일정한 장소에서 다수 매매관계자들이 모여 증권을 팔고 사는 구체적 시장, 즉 증권거래소를 뜻하기도 한다.

증권시장은 그 기능에 따라 발행시장과 유통시장으로 구분된다. 발행시장과 유통시장은 상호 보완관계에 있는데, 즉 유통시장에서 형성되는 증권의 시장가격과 유통상태는 발행시장에서 새로이 발행되는 증권의 발행규모, 조건, 시기 등을 결정하는 주요한 요인이 되며 반대로 증권의 발행방법이 증권의 시장가격과 유통상태에 영향을 미치게 된다.

2) 주가지수

우리나라의 코스피지수(KOSPI: Korea Composite Stock Price Index)는 한국거래소(Korea Exchange, KRX) 시장에 상장된 주식의 시가총액을 기준시점과 비교하여 나타낸 지수이다. 과거에도 주가지수가 있었지만 현재의 코스피지수는 1980년을 기준연도 100으로 하여 작성되었다.

한편 한국거래소에서 거래되는 주식 중에서 거래량이 많고 대표성이 있는 주식 200종목을 선정하여 별도로 주가지수를 만든 것이 코스피200지수(KOSPI 200: Korea Stock Price Index 200)이다. 이 지수는 1996년을 기준시점으로 하여 작성된 지표이다.

이 밖에도 코스닥지수(KOSDAQ Composite Index)가 있는데 이 지수는 코스닥시장 상장기업의 주가지수를 나타내는 것으로, 1996년에는 기준지수가 100이었지만 2004년에 기준지수를 1,000으로 변경하여 작성·발표하고 있다. 코스닥시장(KOSDAQ: Korea Securities Dealers Automated Quotation)은 새로운 산업 분야의 기업들에게 원활한 자금 공급의 목적으로 중소 벤처기업들의 주식을 주로 거래하는 증권시장이다.

[그림 2-2] 한국거래소(KRX)

3) 주요 국가의 주가지수

18세기에 출범한 미국의 뉴욕증권거래소(NYSE: New York Stock Exchange)는 거래량이나 거래금액 면에서 전 세계에서 가장 큰 주식시장이다. 원래는 미국 기업들의 주식만 거래하였지만 지금은 외국 기업들도 상장되어 있다.

다우존스 산업평균지수(DJIA: Dow Jones Industrial Average)는 경제전반에 걸친 30개 대형 제조업 기업들의 주식들로 구성되어 있다. 지수는 단순가격평균 방식을 사용하고 있으며 미국의 대표적인 경제신문인 월스트리트저널(Wall Street Journal)이 작성 · 발표하고 있다. 세계에서 가장 오래된 주가지수이면서 미국 주식시장과 경제상황을 가장 잘 반영하는 것으로 알려져 있다.

미국의 두 번째 주식시장은 미국증권거래소(AMEX: American Stock Exchange)이다. 뉴욕증권거래소에 상장되지 않은 주식을 거래하며 시장의 위치는 역시 뉴욕이다.

미국의 세 번째 주식시장이면서 산업기술주를 주로 거래하는 나스닥(NASDAQ: National Association of Securities Dealers Automated Quotation) 시장은 1971년부터 주로 정보통신과 산업 기술 관련 기업들의 주식을 전산으로 매매한다.

나스닥지수(NASDAQ Composite Index)는 나스닥 증권시장에 등록돼 있는 5,000개 주식을 가중평균하여 구한 지수이다. 미국의 세계적인 신용평가회사인 스탠다드앤드푸어스사가 작성 발표하는 S&P500지수(Standard & Poor's 500 Index)도 주식시장 상황의 지표로 널리 사용되고 있다. S&P500지수는 주로 NYSE시장의 주식이 많지만 NASDAQ과 AMEX시장의 주식도 포함하여 작성되고 있어서 증권시장 상황을 잘 반영하는 장점이 있다.

아시아 지역에는 일본의 니케이(Nikkei Stock Average Index)지수, 홍콩의 항셍(Hang Seng Index)지수, 중국의 상하이종합지수(Sanghai Composite Index), 대만의 자이취엔지수(Taiwan Weighted Average Index)가 유명한 주가지수이다.

종합주가지수 = (비교시점의 시가총액 ÷ 기준시점의 시가총액) × 100

[그림 2-3] 뉴욕 증권시장

3. 환율

환율이란 돈의 가치를 말하는데 서로 다른 통화 간의 교환비율을 의미한다. 즉, 한 나라의 화폐가치를 다른나라의 화폐가치로 표현한 것이다. 예를 들어, 1달러당 원화 환율이 1,300원이라는 말은 1달러를 사기 위해서 1,300원을 지불해야 한다는 말이다.

따라서 1달러당 환율이 1,300원에서 1,500원으로 상승했다는 말은 1달러의 가치가 200원만큼 상승한 것을 의미하며 상대적으로 원화의 가치는 200원만큼 하락한 것을 의미한다. 그렇기 때문에 환율이 상승하여 원화의 가치가 하락한 것을 일컬어 '평가절하' 되었다고 이야기하며 달러 강세, 원화 약세라는 표현을 쓴다.

반대로 환율이 하락하여 원화의 가치가 상승한 경우는 '평가절상' 되었다고 이야기 한다.

환율은 외환의 거래가 이루어지는 외환시장에서 결정된다. 외환시장에는 은행, 기업, 개인, 중앙은행 등이 참가한다.

1) 환율의 변동

환율의 상승 또는 하락에 영향을 미치는 요인으로는 물가, 경제성장, 통화량, 금리 등 경제적 요인과 정치·사회적 요인, 외환투기 등을 꼽을 수 있다. 기본적으로 국내에 외국화폐가 많아지면 환율은 하락하게 된다.

외국의 물가가 국내보다 많이 오르면 수출이 증가하고, 수입이 감소하여 국내에 외국화폐의 양이 많아짐으로써 환율이 하락하게 된다. 또, 국내경제가 높은 성장률을 기록하면 경제에 대한 신뢰도가 상승하여 외국화폐의 유입이 많아지고, 국내의 금리수준이 외국보다 올라가면 국내 은행에 예금을 하거나 채권을 사서 높은 이자소득을 얻으려는 외국투자자들에 의해 외국 화폐의 공급이 늘어나 환율이 하락하게 된다. 국제외환시장에서 외환투기자본이 국내 화폐를 집중적으로 매입할 경우에도 국내화폐의 가치가 오름으로써 환율이 하락한다.

한편 환율이 하락하면 수출상품의 가격경쟁력이 떨어져 일반적으로 수출이 줄어들고, 수입 상품의 가격이 떨어져 수입이 증가하는 현상이 일어난다. 한 상품의 가격이 수요량과 공급량에 따라 변하듯 환율도 외환 시장의 수요 공급 곡선에 따라 변동한다.

[그림 2-4] 각국의 화폐

2) 환율 변동의 효과

일반적으로 환율이 오르면 원화 가치의 하락으로 국제시장에서 수출품의 가격은 하락하는 반면 수입품의 국내가격은 상승하기 때문에 수출이 증가하고 수입은 감소한다. 환율 상승은 경기회복이나 경제성장에 긍정적인 영향을 미칠 수 있지만 환율이 오를 때 수입품의 가격이 올라가므로 물가가 상승하여 인플레이션이 초래될 위험도 있다.

반대로 환율이 하락하면 원화 가치가 상승하여 수출은 감소하고 수입은 증가한다. 환율 하락은 원유와 원자재, 중간재의 수입가격이 낮아지는 효과를 가져와 기업의 생산비용 부담이 줄어들어 물가 안정으로 이어질 수 있다.

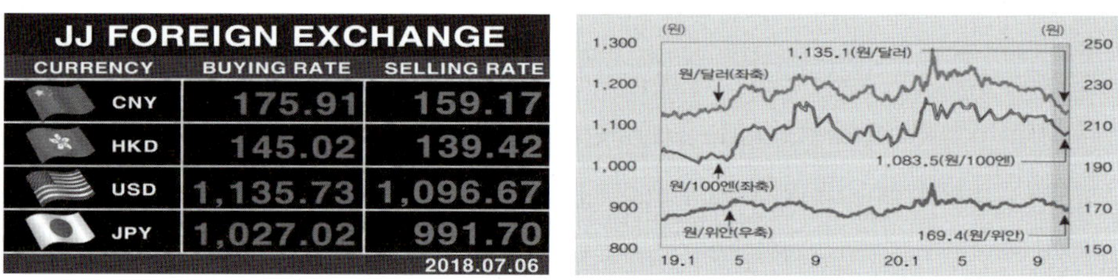

[그림 2-5] 원화대비 각국의 환율

4. 금리 · 주가 · 환율의 삼각관계

금리, 주가, 환율 세 가지는 일상생활에서 하루도 빠짐없이 다뤄지는 뉴스거리인데, 이는 금리, 주가, 환율의 움직임이 경제의 흐름과 방향을 결정짓기 때문이다. 따라서 금리, 주가, 환율을 흔히 3대 경제 지표라고 하는데 이 세 지표들은 서로 영향을 주고받으며 움직인다.

1) 금리와 주가

일반적으로 금리는 주가나 환율과 반대방향으로 움직인다고 볼 수 있다. 즉, 금리가 오르면 주가는 내리고 반대로 금리가 내리면 주가는 올라간다. 금리가 주가에 미치는 영향은 크게 두 가지 측면으로 구분할 수 있는데, 금리가 변하면서 주식시장의 수급에 영향을 미치고 한편으로는 금리의 움직임이 주가의 기본인 기업가치를 변화시킨다는 것이다.

우선 금리가 주식시장의 수급에 영향을 미친다는 말은 금리의 움직임에 따라 주식에 대한 수요와 공급이 달라지게 된다는 뜻이다. 사람들은 금리에 따라 자신에게 유리한 쪽으로 행동하는데 금리가 어떻게 변하는지에 따라 은행에 예금을 할지 아니면 주식에 투자할 것인가를 결정한다.

즉, 금리가 낮아지면 은행에서 주는 예금 이자가 적어지므로 금리가 낮아지면 시중의 돈들은 은행을 떠나 주식시장으로 몰려든다. 그러면 수요공급의 법칙에 따라 주가는 오를 수밖에 없고, 반대로 금리를 올리면 은행 예금이자가 높으니 주식시장에 있던 돈들이 은행으로 몰리게 되는 것이다.

금리가 높으면 굳이 위험을 무릅쓰고 불확실한 주식에 투자하기보다는 은행에서 주는 이자로 안전하게 돈을 불리려는 사람들이 많아지게 된다. 이렇게 되면 자연히 주가는 내리게 되는데 이러한 이유 때문에 금리를 주가와 반비례 관계라고 보는 것이다.

또 금리가 주가에 영향을 미치는 것은 금리에 따라 기업가치가 달라지기 때문이다. 예를 들어, 금리가 낮아지면 기업들의 이자부담이 줄어들어서 기업활동에 필요한 자금을 구하기가 전보다 수월해지며, 또 자금사정이 좋아지면서 기업은 상품 생산과 마케팅에 대한 투자를 늘릴 수 있게 된다. 그러면 상품에 대한 수요가 늘어나고 그만큼 이익도 늘어나는데, 이렇게 기업이 장사를 잘하고 이익을 많이 내면 기업의 가치를 반영하는 주가는 당연히 오를 수밖에 없는 것이다.

반대로 금리가 올라가면 이자부담이 늘어나서 이익이 줄어들 수밖에 없고 또 자금사정이 나빠져서 필요한 투자를 하기도 어려워진다. 이렇게 되면 장사가 잘 되지 않고 이익을 내기도 힘들어져서 기업가치는 떨어지게 되고 주가 역시 내릴 수밖에 없는 것이다.

2) 금리와 환율

다음은 금리와 환율의 관계이다. 금리를 낮추면 환율은 일반적으로 높아지는데 왜 그럴까? 우리가 이미 알고 있는 것처럼 환율은 '두 나라 화폐의 교환비율'인데 우리나라 입장에서 보면 외국 돈으로 표시한 원화의 가격이라고 할 수 있다.

그런데 환율은 외환시장에서 원화의 수요와 공급에 의해 결정된다. 즉, 외환시장에서 원화에 대한 수요가 공급보다 많으면 원화의 가격이 상승(환율 하락)하고 공급이 수요보다 많으면 원화의 가격이 하락(환율 상승)한다.

이제 금리가 어떻게 환율에 영향을 미치는가 살펴보면, 만약 우리나라가 금리를 많이 올려 다른 나라보다 금리수준이 훨씬 높아지면 어떻게 될까? 외국인들이 우리나라 은행에 예금을 하기 위해 몰려들 것이고 똑같은 돈을 맡겨도 훨씬 더 많은 이자를 받을 수 있으니 외국인들 입장에서는 자기 나라와의 금리 차이만큼 이득을 볼 수 있다는 의미이다.

그런데 이렇게 우리나라 은행에 예금을 하려는 외국인들이 늘어나면 자연히 외환시장에서 원화에 대한 수요가 늘어나게 되는데, 이렇게 원화에 대한 수요가 많아지면 원화가치는 올라갈 수밖에 없고 이때 당연히 환율은 떨어지게 되며, 반대로 금리를 내리면 환율은 올라가게 된다.

3) 환율과 주가

환율과 주가의 관계는 어떠한가 살펴보면, 환율과 주가는 보통 반대방향으로 움직이는데 환율이 오르면 주가는 떨어지고 반대로 환율이 내리면 주가는 올라간다.

특히 우리나라 주식시장처럼 외국인 투자 비중이 큰 경우에는 단기적으로 환율과 주가의 반비례관계가 나타날 가능성이 훨씬 높다고 할 수 있다. 즉, 환율이 오르면 거의 예외 없이 주가가 떨어지게 된다. 왜냐하면 달러를 원화로 바꿔서 국내 증시에 투자한 외국인들이 환율이 오르게 되면 그만큼 투자액의 달러가치가 떨어져 손실을 보게 되므로 주식을 팔아 치우려 하기 때문이다. 이렇게 되면 주식시장에 수요보다 공급이 많아져 자연히 주가는 떨어질 수밖에 없는 것이다.

왜 그럴까? 외국인들이 우리나라에서 주식투자를 하기 위해서는 먼저 갖고 온 자기 나라 돈을 원화로 바꿔야 하고 나중에는 우리나라에서 벌어들인 돈을 달러나 자기 나라 돈으로 바꿔서 가져가게 되는데, 원화가치가 떨어지면 한국에서 아무리 투자를 잘해 돈을 벌어도 소용이 없다. 벌어들인 돈을 달러로 바꿨을 때 수익이 남지 않는다면 더 이상 한국에서 투자를 할 이유가 없는 것이다. 따라서 환율이 지나치게 많이 오르면 외국인들은 우리나라의 주식시장을 떠나게 된다.

환율이 계속 떨어질 것으로 예상되면 주식시장에서 외국인 투자자들의 자금이 빠져나가게 되고 이때 주식수요가 줄어듦으로 주가는 전반적으로 떨어질 수밖에 없는 것이다.

반대로 환율이 내리면 우리나라 주식에 투자한 외국인들이 가만히 앉아서 이득을 보게 되는데, 이처럼 환율이 하락할 때는 외국인들의 주식투자가 늘어나 주가가 오르는 경우가 일반적이다. 하지만 장기적으로는 환율과 주가가 같은 방향으로 움직일 때가 많다. 즉, 환율이 오르면 주가도 함께 상승한다는 것이다.

환율 상승은 경제성장의 절반 이상을 수출이 좌우할 만큼 수출 의존도가 높은 우리 경제의 경쟁력을 높혀서 주식시장에 긍정적으로 작용한다. 환율이 상승하여 원화가치가 떨어지면 수출 상품의 가격이 하락하여 수출이 증가하기 때문이다. 이때 기업들의 수익성은 좋아지고 기업가치가 상승하게 되며, 국내 기업의 높은 수익성과 기업가치에 매력을 느낀 외국인들의 투자도 늘어난다. 따라서 이렇게 되면 주식에 대한 수요가 늘어나서 결국 주식시장의 상승세로 이어질 가능성이 높은 것이다.

4) 금리, 주가, 환율의 삼각관계

지금까지 금리, 주가, 환율이라는 세 가지 경제지표들 간의 관계를 살펴보았다. 하지만 이 세 지표의 관계가 수학공식처럼 그대로 들어맞는 것은 아니며, 반드시 일정한 방향으로 움직이는 것은 아니다.

예를 들어, 금리와 주가는 반비례가 일반적이라고 하지만 금융시장에서는 꼭 그렇지만은 않다는 것이 밝혀졌다. 실제 1990년대 일본에서는 금리와 주가가 함께 떨어지는 현상이 발생했는데 그 당시 주가와 금리의 움직임을 함께 그려 놓은 그래프를 보면 전문가조차도 예상하지 못한 일이 나타났다. 당시 일본 정부는 금리와 주가가 보통 반비례 관계임을 이용해서 주가를 올리기 위해 금리를 계속 내렸다. 그러나 정부의 기대와는 전혀 어긋난 결과가 초래되고 말았다. 주식보다는 은행 예금에 익숙했던 일본 국민은 "금리가 떨어지면서 예금 이자도 낮아져 미래의 소득이 줄었으니 더 많이 저축해야 한다."는 생각을 한 것이다. 결국 이런 사람들의 심리로 인해 금리와 주가가 함께 떨어지는 현상이 나타난 것이다.

또 앞에서 환율이 떨어지면 원화가치의 상승으로 이익을 기대하는 외국인들의 주식투자가 늘어나 보통 주가가 상승하는 경우가 많다고 했는데 우리나라의 경우 그러한 공식이 잘 맞지 않는 경우가 종종 발생한다. 여러 이유가 있겠지만 환율하락이 수출 주도형인 우리 경제에 미칠 타격을 걱정한 외국인들의 투자가 위축되는 경향을 보인다는 것이다. 외국인들이 환율하락에 따른 투자이익을 기대하기보다는 국내 기업들의 수익성 악화를 더 걱정하게 되면서 투자를 꺼리고 있기 때문이다.

금리, 주가, 환율이라는 세 가지 경제 지표의 관계는 이렇듯 무수히 많은 변수에 의해 영향을 받기 때문에 예외적인 경우가 많이 나타나게 되는데 경제나 금융이론대로 움직이지 않는 것이 바로 시장인 것이다. 앞으로도 금리와 주가 그리고 환율이라는 세 가지 경제지표의 관계는 복잡하게 얽히고 설킨 삼각관계가 될 수밖에 없을 것이다.

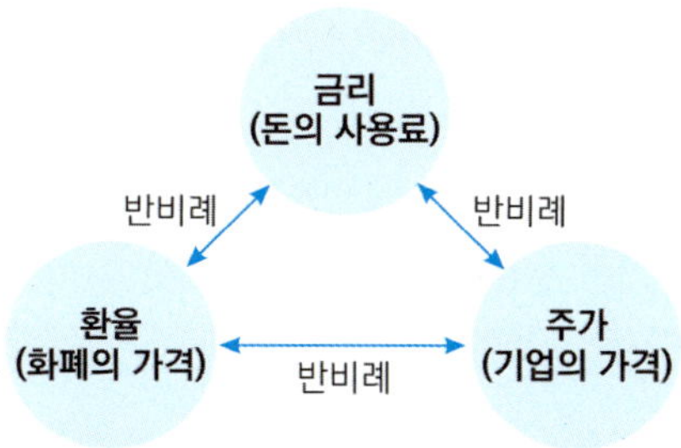

[그림 2-6] 금리, 주가, 환율의 삼각관계(Money Triangle)

금리와 부동산, '일본의 잃어버린 10년'

과거 한국은행에서 부동산 가격 안정을 위해 금리를 올린 적이 있다. 금리를 올리면 보통 부동산 가격이 떨어질 가능성이 많기 때문이다. 왜 그럴까?

금리가 부동산에 대한 수요와 공급에 영향을 미치기 때문이다. 예를 들어, 금리가 높아지면 은행에서 돈을 빌려 부동산을 산 사람들의 이자 부담이 늘어나게 되는데 이 경우 어느 정도 부동산에 대한 수요가 줄어들게 되고 자연히 부동산 가격은 떨어지게 된다. 즉, 금리와 부동산 가격은 반대 방향으로 움직일 때가 많다는 뜻이다.

그래서 금리가 아주 낮을 때는 은행 예금 대신 부동산에 돈이 몰리면서 부동산 가격이 너무 많이 오를 수도 있다는 것이다. 하지만 어떠한 문제이든 정도가 지나치면 화를 부르기 마련인데 부동산 가격도 마찬가지다. 끝없이 오를 것처럼 보이지만 지나치게 오르게 되면 어느 순간 치솟던 부동산 가격이 뚝 떨어지게 될 가능성이 크다는 것이다.

그런데 그 모습이 꼭 거품이 생겼다가 꺼지는 모양과 비슷하다는 것이다. 가끔 뉴스에서 부동산이나 주식가격과 관련하여 "거품이 끼었다" 혹은 "버블이 있다"라고 표현하는 게 바로 이 때문이다. 그리고 이렇게 거품이 꺼질 때는 국가경제에 커다란 후유증이 남게 되는데 1980년대 말 일본에서 부동산 가격이 너무 많이 올랐다가 거품이 꺼지는 바람에 최근까지 10년 이상 고생했던 것이 대표적 사례이다.

일본에서는 1985~1990년 사이에 부동산 가격이 4배가 넘게 오른 적이 있는데 부동산 가격이 오를 것이라고 확신한 사람들이 너도나도 은행에서 돈을 빌려서 부동산에 투자하면서 부동산 시장이 과열되었기 때문이다.

하지만 지나친 부동산 가격의 급등을 걱정한 일본 정부가 금리를 올린다고 발표하면서 곧바로 부동산 가격이 폭락하기 시작했다. 그 결과 부동산에 투자한 사람들이 큰 손해를 보았고 이들에게 돈을 빌려준 은행들도 막대한 부실채권으로 인해 큰 타격을 받았다.

이렇게 거품경제가 붕괴되기 시작하면서 일본 경제는 큰 충격을 받았고 그 결과 1990년대 내내 경기침체가 이어졌던 것이다. 그만큼 거품경제의 후유증이 크고 오래 갔다는 것이다. 이 시기를 사람들은 '일본의 잃어버린 10년'이라고 부른다.

chapter

03 저축과 소비

소비를 늘리면 저축이 줄고 저축을 늘리면 소비가 줄어서 주어진 소득 내에서 둘 다 늘릴 수는 없다. 그럼 어떻게 하면 소비와 저축이 균형을 이룰 수 있을까? 한편에서는 저축과 절약정신을 강조하고 또 다른 한편에서는 소비는 미덕이라고 강조를 하고 있지만 소비와 저축은 모두 필요하다.

합리적 소비는 한정된 소득으로 최대의 만족을 얻을 수 있도록 소비하는 것을 말한다. 합리적 소비를 위해서는 상품의 가격뿐만 아니라, 자신의 소득, 신용, 정보 등도 충분히 고려해야 한다. 소비자는 구매하고자 하는 상품들의 가격과 품질 등을 고려하여 그 상품을 소비할 때 얻게 되는 만족감과 그 상품의 소비에 따르는 기회비용을 꼼꼼히 따져 보아야 한다.

가계의 소비와 저축, 그리고 소비하기 위해 구입할 상품 종류와 수량 등은 개별적으로 하나하나 결정된다기 보다는 서로가 연관되어 결정된다. 이처럼 주어진 범위 내에서 여러 가지 상품을 적절하게 선택하고 현재뿐만 아니라 먼 장래까지 감안하여 가계의 만족을 극대화하는 소비행위를 합리적 소비라 한다.

소득 중에서 현재의 소비로 처분할 것인가, 미래의 소비를 위해 저축으로 남겨 둘 것인가의 문제를 결정하여야 하는데 이 경우 지출의 대부분을 이루는 것은 소비 지출이므로 가처분 소득의 크기, 욕구, 자원의 희소성, 기회비용 등의 여러 요인들을 고려하여 현재의 소비와 미래의 소비(저축)에 대한 합리적 배분 기준을 정하는 것이 매우 중요하다. 따라서 계획성 있는 소비 생활을 하고 체크 카드 등의 지출을 자연스럽게 통제하는 한편, 장기적 안목을 가지고 저축을 해 나가는 습관을 들여야 할 것이다.

1. 저축과 저축상품

저축을 위한 예금은 크게 요구불예금과 저축성예금으로 구분된다. 요구불예금은 예금자의 지급 청구가 있으면 조건 없이 지급해야 하는 예금으로 고객의 지급결제 편의 도모 또는 일시적 보관을 목적으로 한다. 당좌예금, 보통예금, 공공예금, 국고예금 등이 요구불예금에 속한다.

저축성예금은 저축 및 이자수입을 주된 목적으로 하며 예금의 납입 및 인출방법에 대해 특정 조건이 있는 기한부 예금이다. 정기예금과 금전신탁과 같은 거치식 예금과 정기적금과 같은 적립식 예금이 저축성예금에 속한다. 그 밖에 특정한 목적으로 만들어진 재산형성저축이나 주택청약종합저축 등도 저축성예금으로 간주할 수 있다.

안전성, 수익성, 유동성을 기준으로 보면 저축상품은 수익성보다는 안전성과 유동성이 높은 금융상품이다. 저축은 목적에 따라 입출금이 자유로운 보통예금, 목돈마련을 위한 정기적금, 목돈을 불려 나가는 거치식 예금인 정기예금 등 다양한 상품에 가입할 수 있다. 보통예금은 이자가 없거나 아주 낮은 대신에 입출금이나 송금이 자유롭고 신용카드나 체크카드의 결제 계좌로 활용될 수 있는 장점이 있다.

정기적금은 일정 기간 동안 정기적으로 돈을 저축하여 목돈을 만들기 위한 용도로 활용되고, 정기예금은 한꺼번에 일정 금액을 일정 기간 넣어 두어 이자를 받아 돈을 불리기 위한 용도로 활용된다. 그러나 정기예금이나 정기적금은 예치기간이 정해져 있어서 보통예금보다 이자가 많지만 유동성은 낮다.

그러나 만기 이전에 해약을 하게 되면 약정한 이자보다 훨씬 낮은 이자를 지급받거나 경우에 따라서는 이자가 없을 수도 있다. 보통예금은 이자율은 낮지만 입출금이나 송금 결제에 이용하기 편리하고 정기예금은 이자율은 높지만 결제계좌로 사용할 수 없고 입출금에 제약이 있다.

이 외에도 1년 이상 예치기간을 두고 이자를 지급하는 장기저축상품으로 주택마련을 위한 주택청약종합저축, 노후자금을 위한 연금저축 등 다양한 상품이 있다. 장기저축상품의 특징은 복리식 이자지급과 10년 이상 유지 시 비과세 혜택, 그리고 연말정산 시 세제혜택 등이 있다.

이러한 예금은 일부 특정인 또는 기업에만 허용되는 경우를 제외하면 누구나 앞서 언급한 예금취급 금융회사에 가서 통장을 개설하면 거래할 수 있다. 우리나라에서는 예금을 취급할 수 있는 금융회사가 정해져 있다. 은행을 위시하여 상호저축은행, 신용협동조합, 새마을 금고, 농·수·축협, 종합금융회사, 우체국예금 등이 여기에 포함된다.

한편 「금융실명거래 및 비밀보장에 관한 법률」에 의하여 금융거래는 반드시 실명으로 거래하도록 되어 있다.

2. 저축과 투자

돈을 가진 사람 입장에서 자금운용은 두 가지 방법이 존재한다. 하나는 자금 대여자가 되는 것이고, 다른 하나는 자산 소유자가 되는 것이다. 자금 대여자가 된다는 것은 말 그대로 돈을 빌려주고 그 대가로 이자를 받는 것을 의미한다. 은행 예금이나 채권 등이 여기에 해당된다. 이를 다른 말로는 '저축'이라고 표현한다. 일례로 우리가 은행에 가서 예금 상품을 가입하면, 가입 신청서를 쓰게 되는데, 이것은 일종의 차용증과 같은 성격을 갖는다. 차용증을 작성하는 시점에 돈을 빌려주는 기간(대출기간)과 이자율이 결정된다. 저축을 잘 한다는 것은 보다 유리한 조건으로 돈을 잘 빌려주는 것을 말한다.

반면 투자는 자산에 대한 자산운용자의 지위가 대여자가 아닌 소유주가 되는 것을 말한다. 우리가 주식과 부동산에 투자한다고 얘기하는 것은 소유주, 다시 말해 주인이 되는 것을 뜻한다. 수익을 얻는 방식도 저축과 투자는 사뭇 다르다. 저축은 돈을 빌려주기 위한 계약을 하는 행위이기 때문에 차용증을 쓰는 시점, 즉 가입 시점에 수익이 결정된다. 저축과 달리 투자는 매도 시점에 수익이 결정된다. 팔아야 모든 것이 끝나는 게임의 규칙을 갖고 있는 게 투자다. 결국 자산운용은 크게 보면 돈을 빌려주는 게임을 할 것이냐 아니면 자산을 소유하는 게임을 할 것이냐, 둘 중에 하나다.

먼저 저축을 잘하는 방법을 살펴보자. 저축은 돈을 빌려주는 기술이기 때문에 이 원리에 충실하면 된다. 이자를 많이 받으면서도 원금을 떼이지 않으면 되는 것이다.

이자를 받기 위해서는 가급적 제2금융권이나 채권을 활용하는 것이 유리하다. 상호저축은행과 같은 제2금융권의 안전성이 걱정된다면, 예금자 보호 한도(원리금 합산 5천만 원)로 나눠 가입하면 된다.

저축을 잘하는 두 번째 방법은 절세 상품을 최대한 이용하는 것이다. 장기주택마련저축(펀드), 연금저축(펀드), 청약저축, 세금우대상품 등 세금을 덜 내거나 연말 정산 시 소득공제 혜택을 받을 수 있는 상품을 집중적으로 이용하는 것이다. 이 두 가지 규칙만 잘 지키면 되는 저축과 달리 투자를 잘하는 것은 매우 복잡한 문제다. 같은 날짜에 동일한 상품에 가입했다고 하더라도 파는 시점에 따라 수익률이 달라지기 때문이다.

대표적인 투자 상품인 주식형 펀드를 보면, 이런 사정을 잘 이해할 수 있다. 똑같은 상품에 같은 날짜에 가입했다 하더라도 투자자마다 수익률이 천차만별하다. 그래서 저축과 달리 투자에서는 투자를 하기 전에 '자신의 원칙'을 잘 만들어 두는 것이 중요하다.

한편, 각종 저축 상품을 통해 발생하는 이자 소득에 대해서는 법에 따라 일정 비율의 세금이 부과되게 마련이다. 그러나 정책적으로 비과세 저축 상품이나 세금 우대 종합 저축 및 세금 우대 저축 등에 대해서는 세금 감면 혜택이 주어지고 있으므로 저축 상품의 수익성을 비교 평가할 때 세금 감면에 따른 추가 수익도 고려해야 한다.

1) 저축과 투자의 균형

저축과 투자 사이의 자금 배분은 자금의 용도와 개인의 리스크 성향, 재무목표 등에 따라 달라질 수밖에 없다. 기본적인 의식주 및 기타 소비활동에 필요한 자금은 수시로 입출금이 가능한 예금계좌를 이용하고, 가까운 미래에 사용처가 정해져 있는 자금은 정기예금과 같은 거치식 저축상품을 활용해야 한다. 그리고 목돈을 마련하기 위해서는 적금과 같은 적립식 저축상품이나, 리스크가 있기는 하지만 적립식 펀드를 고려할 수 있다. 한편, 투자는 반드시 필요한 생활자금을 제외한 나머지 여유자금으로 하는 것이 올바른 선택이다.

주변에서 사용처가 정해진 자금, 예를 들어, 주택자금이나 등록금 등을 잠시 주식에 투자했다가 곤욕을 치르거나, 빚을 내어 무리하게 투자해서 파산에 이르는 경우를 종종 목격할 수 있다. 투자에는 리스크가 따르기 때문에 단기 고수익을 노리고 생활자금이나 빚을 내어 무리하게 투자하는 것은 결코 바람직하지 못하다.

일반적으로 나이가 들수록 저축 대비 투자의 비중을 낮추는 것이 좋다고 알려져 있다. 주먹구구식이긴 하지만, 연령별 투자의 비중을 '100 - 나이의 법칙'으로 계산하여 나이가 들수록 위험한 투자자산의 비중을 줄이고 안전한 저축을 늘려 가야 한다고 주장한다. 예를 들어, 30세라면 70% 공격적 투자, 30% 안전한 저축으로 자산을 배분하는 것이 좋다는 말이다.

그러나 이렇게 일률적으로 저축과 투자의 비중을 정할 수는 없고, 개인의 재무계획 및 재무목표 그리고 리스크 성향에 따라 달라질 수밖에 없다. 다만, 일반적인 생활재무 전략에서는 연령이 젊고 여유자금을 운용하는 경우에는 투자의 비중을 높이고 연령대가 높고 생활에 필요한 자금의 경우에는 저축이 바람직하다는 점은 누구나 동의하고 있다.

[표 3-1] 저축과 투자의 비교

저축(Saving)	투자(Investment)
아껴서 돈을 번다	가격이 올라 돈을 번다
가입시점에 수익 확정	파는 시점에 수익 확정
원금 보전	원금손실 발생 가능
인플레이션에 취약	인플레이션 헤지 가능

최근 전 세계적으로 저금리가 고착화되기 시작하면서 낮은 수익률을 보이는 저축보다는 어느 정도 리스크를 감당하더라도 수익률을 높일 수 있는 투자에 대해 관심이 모아지고 있다. 우리나라의 경우도 2000년대에 들어서기 전까지는 은행의 정기예금 금리가 평균 12% 전후였으나, 이후 지속적으로 하락하면서 1%대로 떨어졌다. 이러한 저금리는 저축을 통해 목돈을 모으는 것을 어렵게 하고, 모은 돈으로 노후생활

을 유지하는 것을 힘들게 만든다.

30년 후 필요한 노후자금을 5억 원이라고 보고 이를 매달 일정액의 저축을 통해 모으려고 할 경우, 금리 수준에 따라 저축액이 어떻게 달라져야 하는지 살펴보자.

아래 표에서 보듯이 금리가 1%이면 매월 저축액이 1,191,531원이 되어야 하고 5%라면 거의 반인 600,775원이 필요하며, 과거 우리나라 평균 예금금리였던 12%를 가정하면 143,063원으로 크게 감소한다. 결국 30년 동안 동일한 5억 원을 모으는 데 필요한 저축액이 금리가 하락하면 기하급수적으로 증가하는 것을 알 수 있다.

[표 3-2] 금리 수준에 따라 30년 후 5억 원을 모으기 위해 필요한 월 저축액

금리 수준	1%	2%	3%	5%	7%	10%	12%
월 저축액	1,191,531	1,014,764	858,020	600,775	409,846	221,191	143,063

이번에는 이렇게 모은 5억 원을 은행에 맡겨 두고 20년 동안 원리금을 매월 일정액씩 찾아서 노후생활자금으로 쓴다고 가정하고, 금리수준에 따라 매달 쓸 수 있는 돈이 얼마인지 알아보자. 아래 표에서 보듯이 금리가 1%이면 매월 인출액이 2,299,472원, 2%라면 2,529,417원이 되고, 5%인 경우는 3,299,779원을 찾아 쓸 수 있으며, 과거 우리나라 평균 예금금리였던 12%를 가정하면 5,505,431원으로 월 인출액이 크게 증가한다. 결과적으로 저금리 시대에는 노후대책을 위해 모아 두어야 할 자금도 크게 증가하게 된다.

[표 3-3] 금리 수준에 따라 5억 원을 20년 동안 매월 찾아 쓸 수 있는 금액

금리 수준	1%	2%	3%	5%	7%	10%	12%
월 인출액	2,299,472	2,529,417	2,772,988	3,299,779	3,876,495	4,825,108	5,505,431

생활재무에서 가장 이상적인 경우로 평생 동안 풍족하게 소비할 수 있을 만큼 충분한 돈을 모아 놓으면 된다고 생각할 수 있다. 그래서 많은 사람들이 투자를 통해 부자가 되는 재테크에 많은 관심을 가지고 있다. 그러나 세상에는 일확천금을 꿈꾸

는 사람들이 많으나, 운좋게 이런 꿈을 이룰 수 있는 사람은 극소수이다.

따라서 평범하게 사는 일반인은 운을 쫓기보다는 부지런히 일해서 얻은 소득의 일부를 저축 또는 투자를 통해 돈을 모으고, 이 돈을 효율적으로 시간과 효용에 따라 배분하는 방법을 배우는 것이 현명하다. 결론적으로 생활재무전략의 목적은 부지런하고 성실하게 자신의 삶을 살아가면서 땀 흘려 번 돈을 합리적인 재무설계를 통해 지혜롭게 저축하고 투자하여 경제적 자유를 얻고 현명한 부자가 될 수 있도록 하는 것이다.

2) 투자 레버리지

안전성을 추구하는 저축과 달리, 투자에서는 종종 레버리지(leverage) 효과가 발생하게 된다. 영어로 'leverage'란 지렛대를 의미한다. 누구나 아는 바와 같이 지렛대를 이용하면 실제 힘보다 몇 배 무거운 물건을 움직일 수 있다. 금융에서는 실제 가격변동률보다 몇 배 많은 투자수익률이 발생하는 현상을 지렛대에 비유하여 레버리지로 표현한다.

투자에 있어 가격변동률보다 몇 배 많은 투자수익률이 발생하려면, 즉 레버리지 효과가 발생하려면 투자액의 일부가 부채로 조달되어야 한다. 예를 들어, 자신의 자금 100만 원으로 10,000원인 주식을 100주 매입한 뒤 주가가 20% 상승한 12,000원에 매도하였다면 거래비용은 무시하고 자기 자금 100만 원에 대한 투자수익률은 주가 변동률과 같은 20%가 될 것이다.

그러나 투자자금 100만 원 중에서 60%인 60만 원은 대출자금을 사용하였고 나머지 40만 원만 자신의 자금이라고 가정하면 투자수익률은 달라진다. 왜냐하면 자기 자금은 40만 원만 투자하여 총 투자액 100만 원에 대해 20%인 20만 원을 벌었기 때문에 거래비용과 대출자금에 대한 이자를 무시하고 자기 자금 40만 원에 대한 투자수익률은 50%가 되어 실제 가격변동률 20%의 2.5배가 되고 있다. 물론 가격이 하락하는 경우에도 동일한 논리가 성립한다.

위의 예에서 만일 주가가 10,000원에서 9,000원으로 10% 하락했다고 가정하면, 자기 자금 40만 원에 대출자금 60만 원을 보태서 투자한 경우 총 투자액 100만 원에 대한 손실액은 10만 원이고 따라서 자기 자금 40만 원에 대한 투자수익률은 -25%가 되어 실제 가격변동률 -10%의 2.5배가 되고 있다. 결과적으로 투자의 레버리지는 총 투자액 중 부채의 비중이 커지면(동일한 의미로, 자기자본의 비중이 작아지면) 증가하게 된다. 즉, 다음 공식에 따라 투자의 레버리지를 계산하면 된다.

투자 레버리지 = 총 투자액 / 자기자본

위의 예에서도 총 투자액 100만 원 중 40%인 40만 원만 자기자본으로 사용하여 투자를 했기 때문에 레버리지는 2.5배(=100만 원/40만 원)로서 실제 주가가 20% 상승해도 실제 투자수익률은 2.5배인 50%가 되고 10% 하락해도 투자수익률은 2.5배인 -25%가 된 것이다.

결국 레버리지가 커질수록 투자수익률은 가격변동률의 몇 배로 증가하여 리스크가 커지게 된다. 물론 투자자의 선택에 의해 레버리지를 키울 수가 있지만, 가격의 일부만으로 매매가 가능한 투자에서는 제도적으로 레버리지 효과가 내재되어 있다.

대표적인 예로서 전세를 끼고 주택을 매입한 경우가 원천적으로 레버리지가 내재된 투자이다. 예를 들면, 5억 원인 아파트를 4억 원의 전세를 끼고 자기자본 1억 원으로 매입하였다면 투자 레버리지는 5배(=5억 원/1억 원)가 된다. 이후 집값이 10% 상승하여 5억 5천만 원이 되면 자기자본 1억 원에 대한 투자수익률은 5배인 50%가 되고, 만일 집값이 30% 하락하여 3억 5천만 원이 되면 투자수익률은 5배인 -150%가 되어 집값이 전세값에도 못 미치는 소위 '깡통 전세'로 전락하게 된다.

이와 같이 레버리지에 의해 손익확대효과가 발생하여 수익률이 양(+)일 경우 이익의 폭이 증가되지만 반대로 실제 수익률이 음(-)이 되면 손실의 폭도 확대된다. 이러한 이유로 레버리지를 '양날의 칼'에 비유하기도 한다.

우리는 주변에서 사업을 잘하고 있던 개인이나 기업이 갑자기 망하는 경우를 흔히 목격한다. 잘나가던 사업이 조금만 상황이 어려워져도 급속히 망하는 이유는 무엇일까? 대부분의 경우는 레버리지 때문이다. 처음에는 자기 돈으로 조심스럽게 사업이나 투자를 시작했던 사람들도 기대 이상의 수익을 얻게 되면 점차 자신의 능력을 과신하게 되고 더 큰 성취를 꿈꾸게 된다. 이를 위해 남의 돈을 빌려서라도 사업을 확대하거나 투자를 늘리게 된다. 즉, 레버리지가 커지게 되는 것이다.

상황이 계속 좋다면 레버리지는 수익폭을 더욱 확대시키면서 순자산(=자산 - 부채)이 급속히 증가할 것이다. 이에 고무되어 부채를 이용한 사업 또는 투자 확대는 가속화되고 더불어 레버리지도 더욱 높아지게 된다. 주식투자로 재미 본 사람이 대출이나 신용거래를 통해 투자액을 증가하거나 시작한 창업이 잘 되면 빚을 얻어서라도 사업을 확장하는 경우가 그 예라고 할 수 있다. 그러나 상황이 항상 좋을 수만은 없다.

이미 레버리지가 높아진 상태에서 경기침체나 투자부진 등의 상황이 발생하면 하루아침에 망할 수도 있는 것이다. 1990년대 말 우리나라에 외환위기가 닥쳤을 때 그토록 많은 사업자와 기업이 파산하게 된 원인으로 높은 부채비율로 인한 레버리지도 빼놓을 수 없다. 레버리지는 '양날의 칼'과 같아서 좋을 때는 더욱 좋게 만들지만 나쁠 때는 상황을 더욱 악화시키는 것이다.

결국 레버리지는 부채를 사용함으로써 발생하게 되는데, 정상적인 기업이 부채 없이 자기자본만으로 사업을 하는 것은 불가능할 뿐 아니라 재무적으로도 적절하지 못한 전략이다. 따라서 기업의 경우 감내할 만한 수준 이내에서 적절한 부채를 사용하는 것은 바람직하다.

그러나 개인이 부채를 사용하여 레버리지가 높은 투자를 하는 것은 결코 바람직하지 못하다. 특히 주식과 같이 리스크가 높은 투자에서 레버리지를 통해 리스크를 더욱 확대한다는 것은 건전한 투자를 넘어 사실상 투기라고 할 수 있다. 개인의 투자는 부채 없이 여유자금으로 하는 것이 원칙이다. 또한 레버리지를 높이기 위해 사용한 부채에는 이자부담이 수반된다는 점도 기억해야 할 것이다.

지혜로운 부자

우리가 살아가면서 가장 많이 접하는 말 중 하나가 '부자'란 단어일 것이다. 요즘은 '부자 되세요'란 말이 인사말로 쓰일 정도이다. 우리나라 국어사전에 보면 부자를 '재산이 많은 사람'이라고 정의하고 있다.

그렇다면 얼마만큼의 재산이 있어야 부자라고 할까? 2000년 발표한 세계 부 보고서(World Wealth Report)에 따르면, 기본 주거형 주택을 제외한 순자산 100만 달러 이상을 보유한 사람을 부자로 분류하고 있다. 이처럼 금액으로 부자를 분류하는 것은 왠지 납득하기 어렵다는 생각이 든다.

돈이 많아도 부족하다고 느끼는 사람이 있는가 하면, 돈이 적어도 불편 없이 사는 사람이 있다. 따라서 진정한 부자는 그저 돈이 많은 사람이 아니라 경제적 자유를 획득한 사람이라고 정의해 보면 어떨까? 그리고 현자들의 명언으로부터 현명한 부자의 조건을 다음과 같이 정리해 본다.

- 현명한 부자는 돈을 벌기 전에 무엇에 돈이 필요한지를 안다.
  "돈은 어떤 목적을 이루기 위한 수단일 뿐 그 자체가 목적일 수 없다."- 조지 소로스

- 현명한 부자는 스스로 만족할 줄 아는 사람이다.
  "만족할 줄 아는 사람은 진정한 부자이고 탐욕스러운 사람은 진실로 가난한 사람이다."- 솔론

- 현명한 부자는 돈을 잘 쓸 줄 안다.
  "재산은 가지고 있는 자의 것이 아니고 그것을 즐기는 자의 것이다."- 하우얼

- 현명한 부자는 지혜롭게 생각하고 부지런하게 실천하는 사람이다.
  "큰 부자는 하늘이 내고, 작은 부자는 부지런하면 될 수 있다." (大富有天, 小富有勤) - 명심보감

▌2020년 한국의 부자 현황

한국 50대 부자 순위 변화

(단위: 조 원)

2010년

순위	이름	자산	원천
1	이건희	7.3	삼성 전자
2	정몽구	3.8	현대 자동차
3	이재용	1.9	삼성 전자
4	정몽준	1.6	조선
5	신창재	1.6	교보생명
6	신동빈	1.5	롯데
7	이명희	1.5	신세계
8	정의선	1.4	현대자동차
9	신동주	1.4	롯데 쇼핑
10	최태원	1.2	SK 지주

2020년

순위	이름	자산	원천
1	이건희	17.3	삼성, 삼성전자
2	서정진	11.4	바이오기술, 셀트리온
3	김정주	9.6	온라인 게임, 넥슨
4	이재용	6.7	삼성전자
5	김범수	5.2	카카오
6	권혁빈	4.0	스마일게이트 지주
7	최태원	3.3	SK 지주
8	정몽구	3.2	현대 자동차
9	서경배	3.0	화장품, 아모레
10	김택진	2.5	엔씨소프트

출처: 포브스(2020). 한국 부자 순위 50 중 일부.

한국 부자 수

단위: 천 명

한국의 부자는 2019년 말
35만 4천 명으로 전년대비 9.6% 증가

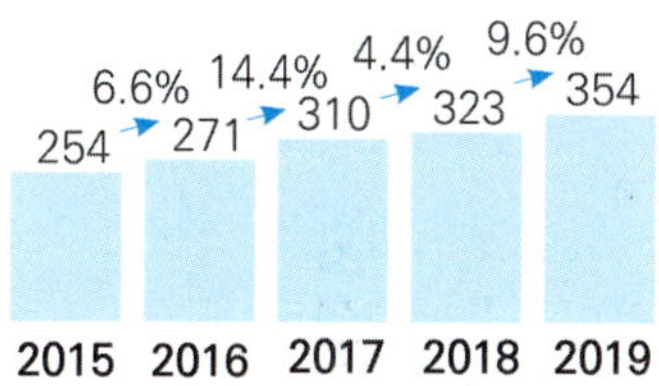

한국 부자의 자산 규모

단위: 조 원

한국의 부자의 자산은 2019년 말
2,154조 원으로 전년 대비 6.8% 증가

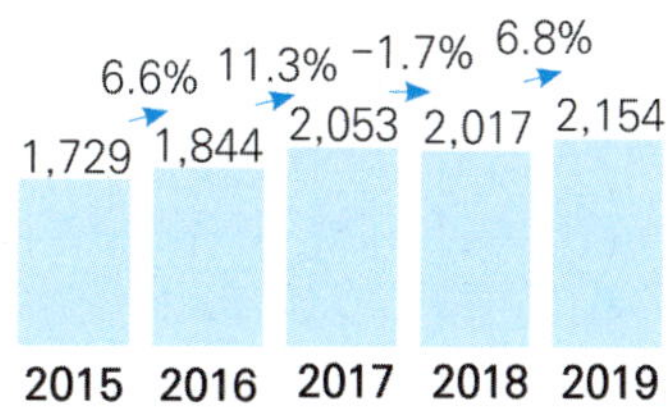

자산규모별 부자 구분

단위: 천 명, 조 원

초고자산가는 6,400명,
이들이 보유한 금융자산은 901조 원

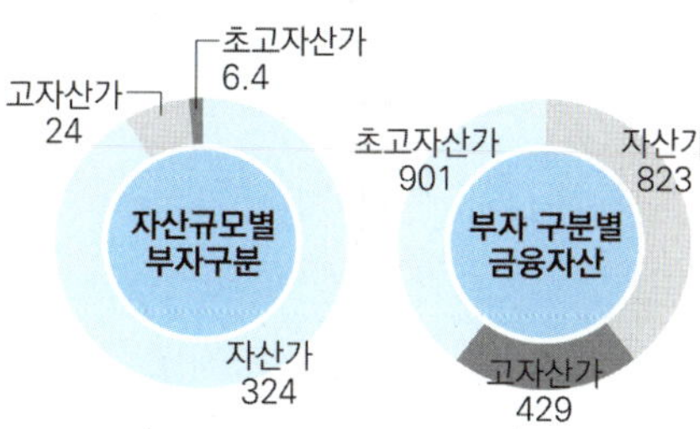

지역별 한국 부자 수

단위: 천 명

한국 부자는 서울 46%, 경기 22%, 인천 3%로 수도권에 70.4% 거주

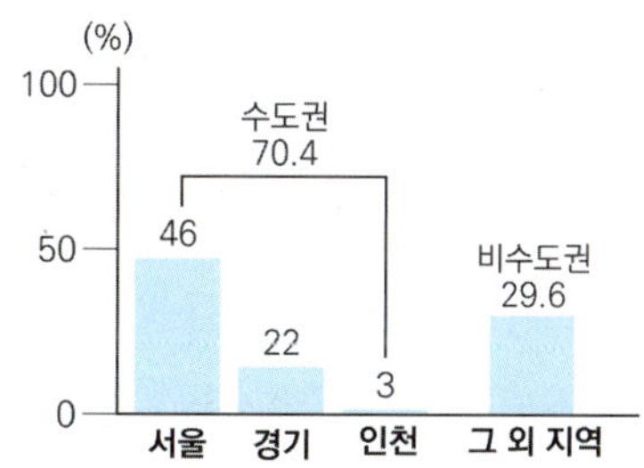

출처: KB금융지주 경영연구소(2020).

▌지난 10년간 한국의 부자 수는 2.2배, 총 금융자산 규모는 1.9배 증가

한국 부자는 2010년 16만 명에서 2019년 35만 4천 명으로 2.2배 증가하였다. 매년 9.2%씩 늘어난 것으로, 같은 기간 한국 전체 인구가 매년 0.5% 증가한 데 비해 부자 수가 매우 빠르게 증가한 셈이다. 이는 같은 기간 한국 경제 규모(국내총생산, GDP)가 1,323조 원에서 1,919조 원으로 매년 4.2% 성장한 데에서도 일부 이유를 찾을 수 있겠다. 한국경제가 성장하면서 한국 가계 전체의 금융자산은 2010년 2,186조 원에서 2019년 3,760조 원으로 1.7배 증가하였다. 같은 기간 부자들의 총 금융자산은 1,158조 원에서 2,154조 원으로 1.9배 증가하여, 부자들의 금융자산이 일반 가계에 비해 빠른 속도로 늘어난 것을 확인할 수 있었다. 지난 10년간 전체 가계의 금융자산 중 부자의 금융자산이 차지하는 비중은 2010년 53.0%에서 2019년 57.3%로 서서히 증가하고 있다.

▌부자의 부동산자산 대비 금융자산은 약 5:4로 10년 전보다 금융자산 비중 감소

지난 10년간 한국 부자의 자산 포트폴리오는 부동산자산이 50%대를, 금융자산은 40% 내외를 차지하였다. 2010년대 초반에는 부자들의 자산 중 부동산자산 비중은 감소하고 금융자산 비중은 증가하였으나, 중반 이후에는 부동산자산 비중은 점점 증가하고 금융자산 비중은 점차 감소하며 자산 비중간의 갭이 증가하였다. 부동산자산의 증가세는 2010년대 초반에 서울 아파트 매매가격이 약세를 보이다가 2010년대 중반부터 강세로 전환되면서 부자들이 부동산자산에 투자비중을 늘렸기 때문으로 보인다. 이에 비해 금융자산은 2010년대 중반 이후 비중이 점차 감소하였다. 일시적으로 2017년에 부동산자산 비중과 금융자산 비중이 동시에 증가하여 같은 방향으로 성장세를 보였는데, 이는 2017년 주가지수가 급등한 결과로 파악된다.

▌우리나라 부자의 주된 부의 원천은 첫째, 사업수익 둘째, '부동산투자'

2020년 한국 부자의 37.5%가 현재 부(富)를 이룰 수 있었던 가장 주된 원천으로 '사업수익'을 꼽았다. 이는 2011년에 부의 주된 원천이 '부동산투자'라고 응답한 경우가 45.8%로 가장 많았고, '사업수익'이 28.4%로 두 번째였던 것에 비해 변화가 보이는 부분이다. 2011년 이전에 부동산 자산가치 상승에 따라 '부동산투자'가 부의 원천으로 가장 큰 비중을 차지한 데 비해, 2010년대 벤처와 스타트업 붐에 따른 성공사례가 나타나면서 '사업수익'으로 부의 원천이 변화한 것으로 보인다. 총 자산 규모별로도 부의 원천 변화에 차이가 나타났는데, 50억 원 미만 부자들은 10년 전에 비해 부의 주된 원천으로 '부동산투자'는 감소하고, '사업수익'과 '근로소득'은 증가하였다. 반면 50억 원 이상 부자들은 '부동산투자'나 '사업수익'인 응답은 감소하였으나, '상속이나 증여'는 13.2%p나 증가하였다.

3. 대출과 대출상품

대출상품은 주택이나 자동차, 예금 등을 담보로 저당권을 설정하고 돈을 빌려주는 담보대출과 담보 없이 개인이나 기업의 신용으로 대출을 받는 신용대출로 나눌 수 있다.

금융회사가 고객의 신용도를 판단하여 해 주는 대출이 신용대출이다. 고객의 경제적 처지, 직업, 거래사항, 가족사항 등을 고려하여 대출금액과 금리를 결정한다. 신용대출은 순수한 무보증신용대출과 신용보증사의 보증서를 세우는 신용대출로 분류되는데 무보증신용대출은 진정한 신용대출로 본인의 신용도에 따라서 결정되는 대출이다.

이에 비해서 담보대출은 신용대출보다 장기간이고 금액이 크며 대출금리가 낮은 것이 일반적이다. 돈을 빌려주는 사람은 돈을 돌려받지 못할 때를 대비하여 빌리는 사람으로부터 부동산이나 경제적 가치가 있는 자산을 잡아 두는 것을 말한다.

신용대출에서 중요한 것은 직업의 유무이다. 직장을 일정 기간 이상 다니고 연봉이 일정 수준 이상이 되면 은행으로부터 신용대출을 받을 수 있다. 그러나 자영업이나 전문직은 금융회사별로 별도로 신용 판단 기준을 만족해야 신용대출을 받을 수 있다.

1) 대출조건과 금리

돈을 빌릴 때는 다양한 조건을 고려하게 되는데 금액, 기간, 상환방법 그리고 이자가 중요한 의사결정 요인이 된다. 금융회사들에 따라 다양한 조건으로 돈을 대출을 해 주고 있기 때문에 금융회사로부터 돈을 빌릴 때는 이런 조건들을 꼼꼼히 검토해야 한다. 부족한 금액을 충당할 수 있을 만큼 충분한 금액이 아니면 여러 곳에서 빌려야 하기 때문에 번거롭고 추가적인 비용이 발생할 수가 있다.

한편 돈을 빌리는 기간 역시 중요하다. 자동차 구입은 수년 내에 돈을 갚게 되지만 주택을 구입할 때는 금액이 크고 수십 년에 걸쳐서 갚게 된다. 이런 경우에는 장기간 안심하고 쓸 수 있는 돈을 빌리는 것이 필수적이다.

돈을 빌릴 때 가장 중요한 것은 돈을 빌리는 가격, 즉 금리라 할 수 있다. 금리는 기간의 장·단, 금액의 크기 그리고 갚는 방법에 따라서 달라진다.

다양한 조건을 가진 돈의 차입비용을 계산할 때는 보통 1년 동안의 이자율, 즉 연리를 비교하는데 돈을 기간 내에 갚지 못했을 때 적용되는 연체이자율, 만기가 되기 전에 갚을 때, 즉 중도 상환할 때 추가적인 비용 발생 여부에 따라 적용되는 금리가 달라지기 때문에 모든 것을 고려해야 평균적인 금리를 계산하고 비교할 수 있다. 이자비용 외에 최초에 돈을 빌릴 때는 담보물건 평가, 저당권설정비용, 인지대 등의 비용도 발생한다.

금융회사에 따라서는 돈을 빌릴 때 금리를 고정하지 않고 시중금리가 변할 때 따라서 변동하는 조건으로 돈을 빌려주기도 한다. 변동금리로 돈을 빌릴 때는 앞으로 금리가 하락하면 돈을 빌린 사람이 유리하지만 금리가 상승하게 되면 이자부담이 높아지게 되는 문제점이 있다.

금융회사들은 정상적으로 이자를 내는 사람에게는 낮은 이자율을 적용하지만 연체가 발생하면 높은 이자율을 부과하는 경우가 있기 때문에 정해진 날짜에 상환하지 못하는 대출자에게는 예상하지 못한 추가적인 비용이 발생할 수도 있다.

금융회사는 경제적 여유가 있는 사람들을 편애한다는 주장이 있는데 돈을 빌려주는 금융회사들도 자신들이 빌려준 돈을 안전하게 회수하는 것을 중요하게 생각하기 때문이다. 돈을 빌릴 때 토지, 건물, 자동차와 같은 실물자산이나 다른 금융자산을 담보(collateral)로 하고 돈을 빌리면 금리가 낮아진다. 금융회사들은 담보를 통하여 자신들이 빌려준 돈을 안전하게 회수할 수 있기 때문이다.

돈을 빌린 사람이 돈을 갚지 못하면 금융회사들은 담보로 잡은 자산을 매각하여 자신들의 돈을 회수하게 된다. 주택이나 자동차를 살 때 구입하는 자산이나 상품을 담보로 하여 대출을 받는 경우가 많은데 주택담보대출은 다른 금리보다 낮은 것이 일반적이다. 주택담보대출을 모기지론(mortgage loan)이라고도 한다.

급히 돈이 필요할 때 흔히 신용카드를 통하여 현금서비스를 받는 경우에는 담보가 없고 순전히 신용으로 돈을 빌리는 셈이기 때문에 적용 이자가 매우 높다. 자동차를 살 때 흔히 금액의 일부를 내고 나머지를 할부로 지불하는 경우가 많은데 이런 할부도 따지고 보면 돈을 빌리는 것이라 할 수 있다. 할부로 구입할 때 구입 금액의 일부를 내는 경우가 있는데 이렇게 미리 내는 금액이 커질수록 이자부담이 줄어든다.

LTV와 DTI

정부가 과도한 대출을 막기 위하여 개인의 경제적 처지에 따라서 대출금의 상한선을 정하는 경우가 있다. LTV(Loan to Value)는 주택담보대출인정비율을 의미하는데, 주택을 담보로 금융회사에서 대출을 받을 때 해당 주택 가격에 대한 대출의 크기를 나타내는 비율이다.

LTV 비율 = (대출금의 크기/ 주택가격)×100

DTI(Debt to Income)는 총부채상환비율을 의미하는데 주택이나 부동산을 담보로 돈을 빌리려 할 때 고객의 부채부담능력을 측정하는 지표이다. 즉, 고객의 연간소득에 대한 연간 예상원리금 상환액의 비율이다.

DTI 비율 = (예상원리금 상환액/ 연간 소득)×100

정부는 LTV와 DTI 비율에 대한 규제를 통해 고객의 담보가치와 상환능력에 비해 과도한 주택담보대출을 억제하고 있다.

DSR 비율 =(모든 가계대출의 연간 원리금상환액/연간소득)×100

주택대출 원리금 외에 모든 신용대출 원리금을 포함한 총 대출상환액이 연간 소득액에서 차지하는 비중을 말한다.

총부채상환비율(DTI)은 소득 대비 주택담보대출 원리금에 신용대출 등 다른 대출의 이자를 더한 금융부채로 대출한도를 계산하는 반면 DSR은 대출의 원리금뿐만 아니라 신용대출, 자동차 할부, 학자금 대출, 카드론 등 모든 대출의 원금과 이자를 모두 더한 원리금 상환액으로 대출 상환 능력을 심사하기 때문에 더 엄격하다. DSR을 도입하면 연소득은 그대로인 상태에서 금융부채가 커지기 때문에 대출 한도가 대폭 축소된다. 이 DSR은 DTI 규제가 없는 수도권 이외 지역에도 적용된다.

DTI와 DSR 산출

- DTI = (주택대출 원리금 상환액 + 기타 대출 이자 상환액) / 연간 소득↓
- DSR = (주택대출 원리금 상환액 + 기타 대출 원리금 상환액) / 연간 소득↑

2) 대출 상환방식

대출을 받은 사람은 대출 기간이 경과하면 원금과 이자를 모두 갚아야 한다. 원금과 이자를 갚는 방법은 매우 다양한데 대출을 받을 때 상환방법도 같이 고려해야 한다. 대출을 받은 후에 거치기간이 지나면 원금을 매월 일정한 금액으로 균등하게 상환하고 이자는 원금 잔액에 적용하는 방식이 있다. 이 방법을 '원금균등분할상환'이라고 하는데 매번 상환금액이 줄어든다는 장점이 있다. 그러나 이 방법은 매월 상환액이 달라진다는 단점이 있다.

또 다른 방법으로는 원리금을 모두 합산하여 매월 일정금액을 갚아 나가는 방법이다. 이를 '원리금균등분할상환'이라고 한다. 이 방법은 매월 상환액이 같기 때문에 자금수급 계획을 수립하기가 용이하다. 그리고 '만기 일시상환'은 만기까지 돈을 사용하고 만기일에 원리금을 한꺼번에 갚는 방식이다. 이 방법은 만기일까지 돈을 잘 활용할 수 있는 기회를 갖는다는 점은 장점이지만 일시에 큰 금액을 상환해야 하는 부담을 져야 한다. 따라서 만기 일시상환은 비교적 소액의 신용대출에 적용되는 경우가 많다.

주택을 구입하고 대출을 받을 때 가장 많이 활용하는 방식이 '거치식 상환'이다. 일정기간 동안은 이자만 납입하다가 거치기간이 끝나면 원금과 이자를 나누어서 갚는 방식이다. 돈을 활용할 수 있는 기간이 상대적으로 길게 주어지고 원금을 갚는 방식을 다양하게 선택할 수 있는 장점이 있다.

[표 3-4] 대출금 상환방식 및 상환방식별 지급이자 비교

(기준: 원금 1천만 원, 연 5%, 5년 만기, 3년 거치 원금균등상환 가정)

구분	원금균등분할상환	원리금균등분할상환	만기 일시상환	거치식 상환
내용	대출원금을 대출기간 동안 일정한 금액으로 상환. 이자는 줄어든 원금에서 계산하기 때문에 계속 감소	대출금 만기일까지의 총 이자와 원금을 합하여 대출기간으로 나누어서 매번 일정금액 상환	대출기간 동안 이자만 납부하다가 만기일에 일시 상환	거치기간 동안은 이자만 내다가 거치기간이 끝나면 원금과 이자를 여러 가지 방법으로 상환

구분	원금균등분할상환	원리금균등분할상환	만기 일시상환	거치식 상환
장점	• 이자비용이 저렴 • 시간 흐름에 따라 상환금액이 감소	• 상환금액이 항상 일정 • 계획적인 자금운영이 가능 • 소득과 지출이 일정한 정액소득자에게 적절	• 조기상환 부담 적음 • 만기일까지 수익을 올릴 수 있다면 유리	• 소득이 적거나 원리금 균등상환이 곤란할 때 편리 • 주택담보대출처럼 대출금액이 큰 경우에 사용
단점	• 처음부터 상환부담이 크다. • 매월 갚아야 할 금액이 달라서 번거롭다.	• 상환방식 중 초기상환 부담이 가장 크다.	• 이자가 높다. • 만기 일시상환의 부담이 크다. • 수익성 있는 투자에 유리하지만 일시상환 부담이 크다.	• 이자가 높다. • 거치기간 동안은 원금이 그대로 있어서 상환부담이 줄지 않는다.
총이자	1,270,833원	1,322,740원	2,500,000원	2,020,833원

4. 균형적인 소비와 저축

가계는 생산요소의 공급자이면서 소비생활의 주체다. 생산요소를 공급함으로써 소득을 얻게 되고, 소득을 바탕으로 소비를 한다. 그러므로 소비는 가계의 소득 내에서 이루어진다. 그렇다고 가계가 소득을 전부 소비하지는 않는다. 자녀가 대학에 들어가게 되면 등록금도 내야 하고, 집을 마련하기 위해서 목돈이 필요할 수도 있으며, 노후에 대비해야 하기 때문에 소득 중 일부를 남겨 둔다.

이처럼 미래의 소비에 대비하기 위해서 현재 소비하지 않고 남겨 두는 소득을 저축이라 한다. 따라서 저축은 소득에서 소비하고 남은 것으로 정의한다.

소득 - 소비 = 저축

경우에 따라 가계는 현재소득을 넘어서는 소비를 한다. 현재소득을 넘는 소비가 불가능해 보이지만 미래소득을 담보로 빚을 진다면 가능한 일이다. 그렇지만 빚은 언젠가 갚아야 한다는 것을 생각해 보면 일생 동안 소비는 일생 동안 소득을 넘을 수 없다. 인생의 긴 시간을 놓고 본다면 평생 벌 수 있는 소득 내에서 소비하는 것이 가장 합리적인 소비가 될 것이다. 일생의 예상된 수입이 정해져 있다면 현재 많이 소비하면 나중에 소비할 소득이 없는 것이고, 현재 조금 소비하면 나중에 쓸 소득이 많이 쌓이는 것이다. 소비를 현재에 할 것인가 미래에 할 것인가는 개인의 선택에 따라 다르기 때문에 어느 것이 더 합리적이라고 말하기는 어렵다.

경제적으로만 본다면 소비는 평생 동안 고르게 나눠 하는 것이 좋다. 오늘 많이 소비하고 내일 조금 소비하는 것보다 오늘과 내일에 나눠서 고르게 소비하는 것이 더 합리적이다. 빵 1개를 아침에 모두 먹고 점심과 저녁에 굶는 것보다 세끼 동안 나눠 먹는 것이 더 큰 만족을 줄 것이다. 빵 1개로 3일을 버텨야 하는데, 오늘 아침에 모두 먹고 3일을 굶을 것인가, 아니면 3일 동안 고르게 나눠 먹을 것인가를 생각한다면 소비를 일생 동안 고르게 하는 것이 합리적이란 것을 알 수 있다.

1) 국가 경제에 있어서 소비와 저축

가계의 소비가 증가하면 이에 맞춰 기업의 생산이 늘어나고 기업의 생산과 이윤이 증가하면 고용된 노동자들의 소득이 증가한다. 이는 다시 가계의 소비를 자극하여 경제의 움직임을 더욱 활발하게 만든다. 따라서 소비는 경제의 순환을 촉진하는 긍정적인 요소로 작용한다. 그러나 한 나라의 공급 능력을 초과하여 수요가 증가하면 물가가 상승할 것이다. 또한 소비가 증가하면 저축이 감소하게 된다.

저축은 미래 소비를 위해 남겨 둔 것이고 이는 기업의 투자 재원으로 사용된다. 따라서 소비가 늘어나고 저축이 줄어든다면 투자할 재원이 감소하고 경제성장을 저해하는 요인이 될 수 있다. 그렇다고 경제성장을 위해 저축을 크게 늘리면 앞에서 설명한 경제 순환의 촉진 기능이 약해지면서 경제가 불황에 빠질 수 있다. 소비가 위축된다면 생산이 둔화되고 고용이 줄어 경제가 어려움에 빠질 수 있기 때문이다. 이를 절약의 역설이라고 한다.

가계의 소비는 기업에서는 매출이므로 소비가 늘면 기업의 매출이 늘어서 경기가 활성화되고, 반면 소비가 줄면 기업의 매출이 줄어서 경기가 침체된다. 반면 저축은 소득이 생겨야만 할 수 있는 것이고 소득은 다른 사람의 소비 때문에 생기는 것이다. 돈을 벌어서 저축을 할 수 있다는 것은 다른 사람이 그만큼 상품을 사 주었기 때문이다.

2) 저축의 효과

저축은 기업에서는 투자재원이다. 그래서 저축이 늘면 투자가 둔화되어서 소득이 증가해서 미래에 더 많은 소비를 할 수 있게 된다. 반면에 저축이 줄면 투자가 감소하여서 경제 성장률이 낮아지고 따라서 소득 증가률도 낮아진다. 이렇게 소비와 저축은 모두 긍정적인 효과를 가지지만 주어진 소득 내에서 소비와 저축을 동시에 늘릴 수는 없다.

일반적으로 개발도상국가의 경우 저축이 더 강조된다. 경제가 성장하기 위해 많은 투자 재원이 필요하기 때문이다. 우리나라도 1970~1980년대 저축을 강조하던 시절이 있었다. 그러나 선진국에 가까워지면 소비가 강조되는 경향이 있다. 선진국은 경제가 성장하기 위한 기초적 투자는 이미 완료했으며, 대규모 투자 재원을 스스로 마련할 정도로 경제규모가 커졌고, 외국 자본이 자유롭게 도입될 만큼 경제 시스템도 선진화, 안정화되었기 때문이다. 우리나라도 선진국의 문턱에 들어서면서 "저축이 미덕"이란 이야기가 점차 사라져 가고 있다.

저축이 지나쳐도 문제고 부족해도 문제다. 이에 적정한 저축과 소비를 알기 위해 경제학자들은 지속가능한 성장에서 효율성이 가장 커지는 저축 수준인 황금률을 계산하기도 한다.

▌과소비 지수

스스로 소비를 잘하고 있는지 점검하는 법 중 하나는 과소비지수를 계산해 보는 것이다.
나의 과소비지수 알아보고 올바른 소비습관을 기르는 것이 필요하다.

과소비 지수 = (월평균수입 - 월평균저축)/ 월평균수입

먼저 본인의 수입을 기준으로 저축금액을 뺀 것에서 월평균수입을 나누면 되는데, 예를 들어, 100만 원을 내 수입이라면 저축이 0 이면 100만 원 나누기 100만 원으로 과소비지수는 1이 나오게 된다. 이런 상황은 재정적 파탄 상태로 가장 심각한 단계인데 수입은 있지만 저축하는 금액이 없는 상태인 것이기 때문이다.

저축액이 월 30만 원이라면 100만 원 나누기 70만 원으로 과소비 지수는 0.7이다. 이런 상황은 일반적으로 과소비 상태라고 볼 수 있다. 저축액이 월 40만 원이라면 과소비 지수는 0.6 평균에 가까운 상태로 균형이 맞는 적정소비이다. 월수입에 40%는 저축을 하는 것이 적절하다. 수입의 절반을 저축하며 과소비 지수가 0.5라면 구두쇠 수준이라 볼 수 있다.

과도한 저축으로 일상 생활이 너무 힘들어지면 안되겠지만 적절한 저축액을 정하고 일정하게 꾸준히 저축을 하는 것이 가장 좋은 재테크 방법이다. 또한 과소비를 줄이기 위해서는 저축을 꾸준히 하고 자동이체 또는 수입 통장을 분리하여 사용하고 신용카드보다는 체크카드를 이용하여 지출이 얼마나 되는지를 항상 체크하는 것도 과소비를 줄이는 좋은 방법이다.

5. 사회적 금융

1) 사회적 금융이란?

사회적 금융(Social Finance)이란 투자나 대출 활동이 금전적·재무적 이익과 함께 사회적 목적 달성 등 비재무적 수익까지 고려하는 금융 활동을 의미한다. 대표적인 예로서, 사회적 기업, 협동조합 등에 대한 투자 또는 대출을 함으로써 사회문제의 해결과 동시에 투자자의 수익 보장을 추구하는 금융이라 할 수 있다.

국내에서는 정책적으로 지역경제 활성화, 사회적 기업, 협동조합 활성화에 따른 금융지원의 중요성 부각, 개인(특히 소외계층)이나 영세 중소기업의 금융 배제문제(서민금융 지원) 등의 정책 시행으로 사회적 금융의 필요성이 대두되고 있다.

사회적 금융은 기존 상업금융의 수익 추구가 초래한 금융 소외 현상의 해소 및 사회문제 해결 주체를 위한 금융지원의 강화 필요성으로 활발하게 논의되고 있다.

따라서 금융기관의 '경제적 이익'보다 '사회적 가치 실현'을 우선적으로 추구하는 금융으로, 사회적 기업, 협동조합 등 사회공동체적 가치를 실현하는 자금 수요자에 대한 대출·투자 부분을 포괄하는 의미로 이해되기도 하며, 서민층의 자활 지원을 위한 임팩트(impact) 금융 등으로 혼용해서 쓰기도 한다.

2) 사회적 금융의 특성

사회적 금융이 기본적으로 공유하는 특성은 가치지향 금융, 관계지향 금융, 임팩트지향 금융이라는 세 가지로 요약할 수 있다.

① 가치지향 금융

사회적 금융은 기존의 금융형태가 경제적 이득을 목표로 한 수익성과 경제성에 근거한 투자가 초래한 사회적, 환경적 폐해가 한계점으로 나타나, 금융이 개인과 사회의 의미 있고 지속가능한 발전에 공헌하기를 기대한다. 따라서 사회적 금융은 일반영리금융이 이해관계자를 통해 종종 사회적으로 무책임한 투자로 실현된 점을 지적하면서 사회적·환경적 가치를 추구하는 것이 보다 새로운 금융의 역할이라 보고 있다.

② 관계지향 금융

사회적 금융은 금융거래를 통해 매개되는 예금자·투자자·대출자 사이의 관계를 단순한 금융거래 관계를 넘어서, 금융을 통해 공동의 사회적 책임을 실현하는 관계로 규정한다. 따라서, 투명한 거래 관계를 통해 상호 간의 사회적 연대를 강화함으로써 공통의 가치를 추구함에 따라 이 같은 자금 중개는 곧 사람과 사람을 잇는 관계의 중개로 볼 수 있다.

③ 임팩트지향 금융

사회적 금융이 가치 지향적 신용 매개를 통해 사회의 변화를 추구한다는 점에서 임팩트 금융이라 볼 수 있다. 이때 임팩트(Impact)란 재무적 수익 외 사회적 영향을 포괄하는 의미로 사회적 금융이 경제적 영역을 포함한 사회혁신을 가져올 수 있다는 것을 의미한다. 따라서 사회적 금융의 특성은 사회 전체를 대상으로 한 영향력(impact)에 초점을 두어 경제적 영향뿐만 아니라 지역과 사회 전체적인 영향력을 가지는 금융이라 할 수 있다.

3) 사회적 금융의 유형

사회적 금융의 유형으로는 마이크로 파이낸스, 사회목적투자, 협동금융 등이 있다.

① **마이크로 파이낸스**(Micro Finance)

금융소외계층을 대상으로 하는 금융으로서 주로 소액 금융이나 서민금융의 영역에서 이루어지는 금융서비스를 의미한다.

- 소액대출(Micro credit): 무담보 신용대출 방식으로 소규모의 창업자금을 빌려주고, 교육훈련 등 경영지원 서비스를 통해 저신용자의 자립, 자활을 지원
- 소액저축(Micro-Saving): 일반 저축계좌와 유사하지만 서비스 이용수수료가 면제되고 최소 잔액 요구조건이 없거나 낮은 수준을 유지해도 되도록 설계
- 소액보험(Micro-Insurance): 빈곤 계층의 납입 능력을 감안해 적은 보험료로도 보장을 받을 수 있도록 설계

금융 대상자가 일반 서민이나 중소기업처럼 자금지원이 필요한 계층이면서, 실질적으로 다액의 자본을 요구하는 것이 아니라 소액의 자본을 요구하고 이를 기반으로 생활을 하거나 기업을 운영하는 금융소비 계층을 대상으로 한다. 이의 대표적인 사례가 무하마드 유누스(Muhammad Yunus)에 의한 그라민 은행(Grameen Bank)인데 국내의 경우는 정부가 주도하면서 서민금융지원 정책에 의한 마이크로 파이낸스 유형이 사회적 금융으로서 자리 잡고 있다.

[사회적 금융과 일반 영리금융의 차이]

사회적 금융은 금융이라는 경제적 수단을 활용하지만 궁극적으로는 사회문제를 해결하는 데 기여해야 하고 이를 통해 사회 발전의 원동력으로 작용해야 한다는 점에 초점을 맞추고 있다. 따라서 일반 영리금융과 사회적 금융 간 상호 비교를 통해 사회적 금융의 특징을 살펴보면 다음과 같다.

[표 3-5] 사회적 금융과 일반 영리금융

구 분	일반 영리금융	사회적 금융
존재목적	경제적 이득	경제적 이득+사회적 가치
자본성격	금전적 자본	사회적 자본
배당형태	고위험/고배당, 저위험/저배당	배당형태 다양함
융자패턴	경기 순응적	경기 비순응적
거래범위	수익성 추구	사회성 추구
참 여 자	불특정 다수(지역제한 없음)	특정인 연합(특정지역 한정)

② 사회목적투자

사회목적투자란 일반적인 투자 방식에 있어서는 기존의 투자와 동일하지만, 투자 목적이 금전적인 이익만을 목적으로 하지 않고 사회적 목적을 함께 추구하는 금융을 의미한다. 사회문제 해결이나 피해의 축소를 넘어 긍정적인 사회적 임팩트(Impact)를 창출하는 것을 목표로 하는 사회목적투자의 성격은 다음과 같다.

- 장기투자 추구: 단기적 이익을 강조함으로써 발생하는 혁신과 R&D 약화, 무형적 가치 제고에 대한 무관심, 각종 이해관계자 대응을 비용으로 인식하는 등의 문제점을 교정하기 위한 장기적으로 지속가능한 이익을 추구한다. 따라서 장기적인 관점에서 투자 분석, 종목 분석, 포트폴리오 구성 및 펀드매니저의 교육/선발 등을 거치고 보상체계 역시 장기적이며 지속가능한 투자수익을 유인할 수 있는 방향으로 설계한다.
- ESG(Environment, Social, Government) 스크리닝: ESG 분석을 통해 기업의 무형적 위험과 기회요인을 분석하여 재무적 수익 뿐만 아니라 비재무적 수익에 대한 관심을 둔다

[사회목적투자의 형태]

- 사회책임투자(SRI: Socially Responsible Investment): 사회책임투자란 환경, 사회, 지배구조 측면에서 사회적 책임을 다하는 기업에게 투자하는 펀드이다. 기업의 재

무적 측면뿐 아니라 비재무적 측면인 환경(Environment), 사회(Social), 지배구조(Governance)의 ESG를 고려하여 장기적 관점에서 투자하는 방식이다.
다시 말하면, 기업 지배구조가 투명하고 윤리경영을 실천하며, 환경보호 및 관리 시스템을 갖추고, 지역사회 활동으로 사회에 공헌하며 사회적 책임을 다하는 기업에 투자하는 방식이며 선진국에서는 보편화된 투자개념으로, 한국에서는 2000년대 초에 도입되었다.

사회책임투자펀드는 환경보호와 사회공헌 성과가 뛰어나고, 지배구조가 건전한 기업들은 지속가능성이 높은 기업이라는 인식이 높다. 따라서 SRI펀드는 다음과 같은 특성을 가지고 있다.

첫째, 환경(Environment): 친환경적인 생산과 경영을 하는 기업과 친환경 기술개발 및 보유 기업에 투자

둘째, 사회(Social): 사회환원이 우수한 기업, 사회공헌활동을 활발히 하는 등 사회복지 개선에 적극적으로 기여하는 기업에 투자

셋째, 지배구조(Governance): 기업 지배구조가 투명하고 우수한 기업에 투자하거나, 반대로 주주권 행사를 통해 불투명한 기업의 지배구조를 개선시키기 위해 투자.

- 임팩트 투자(Impact Investment): 임팩트 투자란 재무적인 성과를 넘어 긍정적으로 사회적, 환경적 임팩트 (Impact)를 창출하는 투자를 의미하는데, 이는 공공 예산만으로는 더 이상 사회 문제를 해결하기가 어렵다는 세계적인 인식하에 사회문제를 해결하고자 하는 시도이다.
  임펙트 투자는 사회와 환경에 긍정적인 영향을 미치는 사업이나 기업에 돈을 투자하는 착한 투자방식을 지칭한다. 기존의 착한 투자가 투자자들이 사회나 환경에 해로운 영향을 끼치는 기업에 투자를 하지 않는 것이었다면, 임팩트 투자자들은 그러한 소극적인 방식을 넘어 사회나 환경문제에 긍정적인 영향력을 발휘할 수 있는 사업이나 기업을 찾아 장기적으로 투자한다. 한편, 기업들이 이러한 임팩트 투자를 바탕으로 사회문제를 해결하고 새로운 사업기회를 창출하는 것을 임팩트 비즈니스(impact business)라고 한다.

③ **협동금융**(Cooperation Finance)

협동금융이란 동종업자, 동업자 등 인적 결합을 중심으로 하여 상호 부조 및 상호 협력을 목적으로 하는 금융으로서 뜻을 같이하는 사람들이 공동으로 자본을 모아 공동체 이익과 발전을 위해 사용하는 것을 의미한다.

따라서 협동금융은 전통적인 금융의 하나라고 볼 수 있으며, 협동금융은 신용협동조합(Credit Union), 공제회, 계모임 등 다양한 형태의 상호부조 등을 예로 들 수 있는데, 위험에 집단적으로 대응하기 위한 목적으로 설립된 다양한 형태의 상호부조 조직이다.

우리나라의 경우 협동금융을 상호금융이라 부르는데 일반적으로 상호금융은 각 조합원의 영세한 자금을 예탁받아 이를 조합원에게 융자함으로써 조합원 상호 간의 원활한 자금융통을 꾀하는 것을 목적으로 하고 있다.

우리나라 상호금융의 특징은 소매금융, 서민금융, 관계형금융, 지역금융의 성격을 가지고 있으며 이윤 극대화보다는 공공성을 지향하는 금융이라 볼 수 있다. 이러한 상호금융은 지역사회 혹은 공동체 조합원의 사회경제적 지위 향상과 금융 지원을 목적으로 한다.

[표 3-6] 주식회사와 협동조합의 차이

구 분	주식회사	협동조합
소 유 권	투자자(일반주주)	투자자(조합원)
투 표 권	주식 수에 비례(소수의 지배 가능)	1인 1표 동일(다수의 공평한 지배)
경 영	주주에 선출된 이사회	조합원에 선출된 이사회
지분거래	지분거래 가능(2차 시장)	지분거래 불가능(2차 시장 없음)

• 협동금융(협동조합)의 특징

협동금융의 주인은 조합원이며, 의사결정과정에도 참여하고 다른 이해관계자 그룹에 의한 소유권을 예방하여 시장실패를 해결하나, 단점으로는 위기에 외부에서 자본을 조성하기가 쉽지 않다는 점이 있다.

협동조합이 제공할 수 있는 기본적 조합원 혜택은 배당금이며 이 외에도 광범위한 지점 네트워크를 통해 사업 범위를 확장하여 그룹 공동의 이익을 도모하는 것이 특징이다.

- 국내 협동금융의 현황

국내 협동금융기관들은 상호부조와 금융지원, 저축증대와 빈곤극복, 지역사회 발전 등을 위해 1960년 전후로 설립되었으나 1990년대 이래로 금융자율화가 가속화되면서 상호금융기관의 고유영역이라는 개념이 차츰 퇴색되고 있다. 1997년 외환위기 이후 은행 중심의 대형금융기관들은 대형화, 겸업화, 자율화로 국제경쟁력을 확보한 반면 경쟁력이 취약한 상호금융과 지역금융 기관들은 서민금융의 배제가 증대되고 현재 국내에서 상호금융은 일반은행과 거의 비슷한 업무를 하고 있다.

한편, 농·수협은 각 조합마다 조합원을 둔다는 점에서는 신용협동조합·새마을금고와 성격이 비슷하지만, 신협과 새마을금고가 조합원만 거래할 수 있는 반면, 농·수협은 비조합원의 거래도 받아들이고 있다.

[표 3-7] 국내 상호금융(조합) 현황(2020년 6월 말 현재)

상호금융조합	신협	농협	수협	산림	새마을금고
조합 수	1,625	1,180	91	142	2,650

④ 크라우드 펀딩

크라우드 펀딩(Crowd Funding)이란 일반적으로 "창의적인 아이디어나 사업계획 또는 창업자 등이 자금조달 중개업체를 통해 온라인(on-line)으로 사업계획을 제시하여 이에 공감하는 다수의 소액 투자자로부터 사업자금 등을 조달하는 방식"을 의미한다. '군중으로부터 자금을 모은다'는 뜻으로 소셜 미디어나 인터넷 등의 매체를 활용해 자금을 모으는 투자 방식이다. 크라우드 펀딩 유형은 자금모집 방식에 따라 대출형, 투자형, 후원형, 기부형으로 구분한다.

[표 3-8] 크라우드 펀딩의 유형

유형	펀딩	보상방식	주요 사례
대 출 형	대출금	이자지급	사업자가 긴급하게 자금이 필요한 경우
투 자 형	출자금	이익배당	창업자, 프로젝트 개발자가 투자자 모집 시
후 원 형	후원금	순수후원	사회공익활동, 문화, 창작활동에 자금 모집 시
기 부 형	기부금	무상기부	사회공익활동, 전시회, 콘서트 등에 순수 기부 시

- 대출형 크라우드 펀딩

  이는 대출기관을 통한 일반적인 대출과 달리, 자금 수요자들이 스스로의 기업정보를 제공하여 투자자들에게 일정 금리를 주고 대출을 받게 되는 형태인데 대출이 이루어질 때 중간 매개체가 크라우드 펀딩 플랫폼이다. 이 펀딩은 투자자들은 자금 수요자의 정보를 가지고 투자를 결정하며, 투자자들과 자금 수요자와의 관계는 일반적으로 채권, 채무의 관계를 가지지는 않는다. 한편, 투자자에게는 원리금 수취권을 주지만, 투자에 따른 위험은 전적으로 투자자들이 부담하는 방식이다.

- 투자형 크라우드 펀딩

  창업기업, 벤처기업 또는 개발프로젝트 등에 자금을 투자하는 방식이다. 이는 대출형과 마찬가지로 은행을 통하지 않고 쉽게 자금을 마련할 수 있으며, 투자자는 투자에 따른 지분 획득 등을 통해 수익 창출이 가능하다.

한편, 투자형 크라우드 펀딩은 자기자본의 형태로 돈을 끌어오는 것인데 이때 투자자는 그 사업에 투자한 만큼의 지분의 형태로 소유권을 갖고 있는 것이므로 펀드를 받는 사업자는 이들에게 주식처럼 배당금을 지불해야 하므로, 투자형은 주식과 비슷하다고 보면 된다. 펀딩 시 인터넷을 통해 펀딩과정이 공개되고 SNS 방식의 직접적인 소통 과정을 가짐으로써 신뢰를 기반으로 투자에 참여할 수 있다.

- 후원형 크라우드 펀딩

  후원형은 주로 사회공익활동, 창작활동, 문화예술활동 등에 후원하는 형태로 자금을 지원한다. 펀딩 참여자는 다양한 사회공익 활동이나, 다양한 예술활동, 즉 전시회, 콘서트 등의 공연 등에 자금을 후원하고 시제품, 기념품, 공연티켓 등을 받거나 기여자 명단에 이름을 올리는 방식으로 보답을 받게 된다.

- 기부형 크라우드 펀딩

기부형의 경우에는 말 그대로 기부를 받는 것으로 투자자들에게 보상이 전혀 없는 형태로 사회공헌활동이나 창작, 문화예술활동 등에 순수하게 지원하는 형태이다.

chapter

04 부채와 신용관리

1. 부채와 신용

금융 생활에서 얼마나 많은 부채를 가지고 있는지, 이자를 제때에 잘 내고 있는지에 따라 신용도가 달라진다. 소득에 비해 부채가 많을수록 신용도가 낮아지고, 이자를 연체하거나 각종 공과금을 연체해도 신용도가 낮아진다.

신용이 낮으면 같은 금액의 돈을 빌리더라도 더 많은 이자를 내게 된다. 반대로 신용이 높으면 적은 이자를 내고 돈을 빌릴 수 있다. 신용도가 높을수록 돈을 사용한 값을 적게 지불하는 셈이 되는 것이다.

누구나 자신만의 신용 등급을 부여 받았으며, 관리할 의무가 있다. 금융사에서 대출 등을 받을 때 과연 이용자가 얼마나 상환을 잘할 수 있는가를 판가름할 때 주로 신용등급을 확인하곤 한다. 꾸준하고 정상적인 신용거래는 관리하지 않았던 사람보다도 높은 신용등급이 부여된다. 이로 인해 대출 시 한도도 높일 수 있으며, 이자를 낮출 수 있다는 장점이 있다.

사실 살면서 신용 대출은 누구라도 대출을 받고 싶어 받는 경우는 없으므로, 그런 상황이 오기 전에 미리 신용을 관리해 두는 것이 가장 좋다. 신용관리를 잘해 놓는다면 이후 대출할 상황이 와도 상환 부담을 훨씬 줄일 수 있고, 제때 필요한 도움을 받을 수 있기 때문이다.

가계는 경제 활동에서 소비의 중심이 되는 가정을 뜻한다. 쉽게 말해서 가계 부채란 가정이 진 빚으로, 더 정확히 말하면 가계가 은행 등의 금융 회사로부터 빌린 빚을 말한다. 가계 부채가 많더라도 빚을 갚을 수 있는 능력이 있다면 괜찮지만 빚을 갚을 능력이 되지 않는데 빚만 많다면 경제적 곤란에 처하게 될 것이다.

2. 신용 관리의 필요성

신용이 낮으면 경제생활에 큰 불편함이 따른다. 신용카드를 발급받지 못해 필요한 물건은 언제나 현금으로만 사야 하고, 휴대 전화를 사용할 때에도 미리 돈을 지불한 만큼만 통화할 수 있다. 갑자기 돈이 필요할 때에도 높은 이자를 내야 빌릴 수 있거나 전혀 빌리지 못하기도 하다. 평소 친구들에게 빌린 물건을 잘 사용하고 제때에 돌려준다면, 다음에도 물건을 빌리는 데 어려움이 없을 것이다. 이것은 친구들 사이에서 신용이 높기 때문이다. 이처럼 신용이 높으면 경제생활을 해 나가면서 이익이 되는 일이 많다. 따라서 경제생활의 기초가 되는 신용을 잘 관리해야 하며 개인 신용은 경제적 가치를 가진 무형의 자산으로 신중한 관리가 필요하다.

- 개인신용은 1등급부터 10등급까지 있는데 개인 신용정보는 신용평가사를 통하여 확인할 수 있다. 신용관리를 위해서 과도한 지출과 대출을 피하고 금융회사 상환금이나 공과금을 연체하지 말아야 한다.
- 신용카드는 지불의 유예, 할부, 단기자금 융통 등 다양한 편리함에도 불구하고 잘못 사용하면 신용등급의 하락 등 불이익이 발생할 수 있다.
- 노력해도 채무를 스스로 해결하기 어려운 경우에는 금융회사나 공공기관의 채무조정이나 신용회복제도를 활용할 수 있다.

▌신용회복위원회(http://www.ccrs.or.kr/)의 신용 회복 지원 제도

열심히 일하며 살고 있지만 갚기로 한 날에 빚을 갚지 못하고 부채가 많아 정상적인 경제 활동이 어려운 사람들을 돕기 위해 신용 회복 지원 제도가 시행되고 있다. 신용 회복 지원을 신청할 수 있는 사람은 금융 회사 2곳 이상에서 5억 원 이하의 빚을 지고 있는 사람으로, 빚을 갚을 수 있다고 인정되는 사람이다. 신용 회복 지원 대상자가 되면 빚을 천천히 갚을 수 있고 이자도 감면 받을 수 있다.

개인신용등급은 개인신용 평가회사(Credit Bureau, 흔히 CB사라 함)가 개인의 여러 가지 신용정보를 수집하여 1등급에서부터 10등급까지 분류한 신용등급이다.

신용등급은 예금, 대출, 사용 등 금융회사와의 거래내용과 세금체납, 재산, 소송 등 공공기관의 정보를 모두 수집하여 판단한다. 금융회사들은 개인신용 정보를 대출의 결정, 금리의 결정, 신용카드 개설 등의 자료로 활용하고 있다.

전문적인 신용평가회사가 개인들의 신용을 평가하기도 하지만 각 금융회사들은 자체적으로도 신용평가 시스템을 가진 경우가 많다. 개인신용등급은 신용평가 회사마다 비중의 차이는 있지만 해당 개인의 채무의 적시 상환 여부, 현재 채무 수준, 신용거래 기간, 신용활용의 정도를 평가요소로 하여 결정한다.

▌개인신용등급

개인신용등급은 개인의 여러 가지 신용 정보를 종합하여 신용 상태를 수준별로 구분한 등급을 말한다. 즉, 각 개인의 신용도가 얼마나 좋은지를 평가하는 지표이다. 신용거래 이력이 있는 개인은 누구나 신용등급이 매겨지며, 신용 거래의 형태나 규모, 기간, 대출 여부, 연체 이력, 현재 채무상태 등을 기초로 일정 기간 동안의 신용 정보를 종합적으로 분석해 1등급(최고 등급)부터 10등급(최저 등급)까지 책정된다. 숫자가 낮을수록(등급이 높을수록) 신용이 좋은 고객으로 평가되며 일반적으로 1~4등급은 부실화의 가능성이 낮은 우량 등급, 7~10등급은 부실화 위험이 높은 비우량 등급으로 간주된다.

▌신용등급 구분 기준

[표 7-1] 신용등급 구분 기준

등 급	구 분	거래 실적	부실화 가능성
1~2등급	최우량	오랜 신용거래 경력을 보유하고 있으며 다양하고 우량한 신용거래 실적을 보유	매우 낮음
3~4등급	우량	활발한 신용거래 실적은 없으나 꾸준하고 우량한 거래를 지속한다면 상위등급 진입 가능	낮음
5~6등급	일반	주로 저신용 업체와의 거래가 있는 고객으로 단기 연체 경험 있음	일반
7~8등급	주의	주로 저신용 업체와의 거래가 많은 고객으로 단기 연체의 경험을 비교적 많이 보유하고 있어 단기적인 신용도의 하락이 예상됨	높음
9~10등급	위험	현재 연체 중이거나 매우 심각한 연체의 경험을 보유	매우 높음

출처: 나이스신용평가정보.

나이스신용평가정보(http://www.niceinfo.co.kr)와 코리아크레딧뷰로 (http://www.koreacb. com)는 개인의 과거 부채상환기록, 현재의 부채수준, 연체정보, 제2금융권(저축은행, 캐피탈) 과다 이용 여부 및 단기간(3~6개월) 집중 대출 여부 등을 종합하여 개인의 신용등급을 평가한다.

3. 개인신용 관리방법

개인신용등급이란 신용조회회사 및 금융회사가 금융소비자의 연체 등이 발생할 가능성을 수치화한 지표로서 신용거래 가능 여부 등 신용거래 조건을 결정하는 데 있어 중요한 기준으로 활용되고 있다. 개인신용등급은 주로 연체나 부도 발생, 신규 대출금의 증가 등 평가요인에 따라 변동하는 것이 일반적이다.

그러나 개개인의 신용등급 관리방법에 대한 정보 부족과 관리소홀 탓에 신용등급의 하락, 대출 시 금리인상 등 금융소비자의 부담이 증가하는 경우도 많이 발생하고 있다. 다음은 금융감독원에서 마련한 '개인신용등급 관리 10계명'이다.

① 인터넷전화 등을 통한 대출은 신중하게 결정하기

대부분 긴급자금이 필요한 상황에 해당하겠지만, 단지 신속하고 편리하다는 이유로 인터넷이나 전화 등을 통해 대출을 받거나 현금서비스를 이용하는 경우가 있다. 그러나 이러한 대출을 이용할 경우 위험도를 높게 평가하게 되므로 연체가 발생하지 않았더라도 신용등급이 하락하게 될 가능성이 크다. 다소 불편하더라도 금융회사를 직접 방문해 대출을 받는 것이 좋다.

② 건전한 신용거래 이력을 꾸준히 쌓아 가기

신용등급은 개인의 과거 신용거래 실적과 현재 신용거래 내용에 대한 평가를 바탕으로 산출되기 때문에 신용거래가 거의 없는 금융소비자는 평가 근거가 부족해 좋은 신용등급을 받기 어렵다. 따라서 개인신용등급을 적절히 유지・관리하기 위해서는 연체없는 대출거래, 이용 등 신용거래 실적을 꾸준히 관리해야 한다.

③ 갚을 능력을 고려해 적정한 채무규모 설정하기

개인의 채무 규모가 과다하면 가계 운영에도 문제가 되겠지만, 신용조회회사 또는 금융회사에서도 채무가 많은 채무자에 대해 연체위험이 상승한 것으로 평가하고 있어 신용등급이 하락하게 될 가능성이 높다. 따라서 본인의 소득 규모나 지출 등을 감안해 감당할 수 있는 수준의 채무 규모를 설정하고 정해진 규모 안에서 대출과 신용카드 등을 이용하는 것이 좋다.

④ 주 거래 금융회사를 정해 이용하기

주 거래 금융회사를 정해 지속적으로 이용하면 해당 금융회사의 개인신용등급평가에 긍정적인 영향을 미칠 수 있다. 개인신용등급이 개선되면 해당 금융회사와 금융거래 시 우대금리를 적용받는다거나 또는 일부 수수료가 면제되는 등 여러 혜택을 받을 수 있는 장점이 있다.

⑤ 타인을 위한 보증은 회피하기

타인을 위해 보증을 서면 보증내역이 신용조회회사에 보내져 신용등급을 산출할 때 반영된다. 이 경우 채무자가 연체하지 않더라도 보증인의 개인신용등급이 하락하거나 이 때문에 대출한도가 줄어들 수 있다.

⑥ 주기적인 결제대금은 자동이체를 이용하기

카드 이용대금이나 통신요금 등은 소액이지만 그 연체횟수가 증가하면 신용등급이 하락할 수 있다. 소액연체는 대부분 금융소비자의 관리 부주의 등으로 발생하는 경우가 많기 때문에 자동이체 서비스를 적극적으로 활용하고 미리 통장잔액을 확인해 소액 연체가 발생하지 않도록 미연에 방지할 필요가 있다.

⑦ 연락처가 변경되면 반드시 거래금융회사에 통보하기

금융회사에서는 대출 금액이 연체될 경우 이를 고객에게 안내하고 있다. 만일 주소나 이메일, 전화번호가 변경됐음에도 거래 금융회사에 알리지 않으면 연체가 발생하더라도 금융회사로부터 안내를 받지 못하는 상황이 발생할 수 있다. 따라서 주소・전화번호 등 주요연락처가 변경되는 경우 이를 반드시 거래 금융회사에 통보해야 한다.

⑧ 소액이라도 절대 연체하지 않기

연체정보는 개인의 신용등급 평가에 가장 부정적인 영향을 미치는 요소다. 일단 소액이라도 연체가 발생하면 연체금액을 상환한 이후에도 일정 기간 평가 시 불이익 정보로 반영된다. 따라서 소액이라도 계획적이고 합리적인 소비습관을 통해 연체가 발생하지 않도록 유의해야 한다.

⑨ 연체를 상환할 때에는 오래된 것부터 상환하기

연체는 그 기간이 길수록 개인신용등급에 불리하게 작용하므로 여러 건의 연체를 보유하고 있을 경우에는 가장 오래된 연체 건부터 상환함으로써 연체정보로 인한 불이익을 최소화해야 한다.

⑩ 자신의 신용정보 현황을 자주 확인하기

본인의 개인신용등급은 신용조회회사에서 4개월에 1회 무료로 확인할 수 있다. 이를 정기적으로 활용해 자신의 신용정보가 정확한지 점검할 필요가 있다. 본인의 신용등급 확인은 신용정보회사에 문의하여 확인할 수 있다.

4. 채무자 구제제도

채무자 구제 제도란 과중한 채무(빚)로 고통받고 있는 채무자의 경제적 회생을 지원하는 제도로서 현재의 소득으로는 본인의 보유하고 있는 채무를 정상적으로 상환할 수 없는 채무자에게 연체이자, 이자, 원금 감면, 상환기간 연장 등을 지원하여 경제적으로 회생할 수 있도록 돕는 절차이다.

우리나라에서의 채무자의 경제적 회생을 지원하는 제도는 신용회복위원회의 사적

구제제도와 법원에 의해 운영되는 공적 제도로 크게 구분된다. 사적구제제도는 신용회복위원회의 개인 워크아웃과 사전채무조정(프리 워크아웃)이 있으며, 공적 구제제도는 법원에 의해 운영되는 개인회생과 개인파산이 있다.

2014년 8월부터 신용회복위원회에서는 개인 워크아웃, 프리 워크아웃 지원뿐만 아니라 법률구조공단 및 법원과 연계하여 개인회생, 개인파산 신청과 관련한 상담 및 서류작성을 무료로 원스톱 지원하고 있다.

1) 개인 워크아웃

개인 연체자에게 신용 회복의 기회를 주고, 금융 회사도 연체된 빚을 받을 수 있도록 금융 회사들이 자발적 협약을 통해 신용회복위원회라는 민간 기구를 만든 후 개인 워크아웃 제도를 운영하고 있다. 개인 연체자에게 신용 회복의 기회를 주기 위한 제도 중에 개인 워크아웃 제도가 있다.

이 제도는 금융 회사들의 자발적 협약으로 만든 민간 기구인 신용회복위원회에서 채무연체자를 구제하는 제도이다. 지원 내용은 연체 이자 전액 감면, 원금은 최대 1/2 범위 내에서 감면될 수 있다. 지원이 결정되면, 채무자는 매월 조정된 금액을 신용회복위원회에 입금하고 신용회복위원회는 금융 회사에 전달하는 역할을 한다.

2) 개인회생

채무액이 크고, 사채를 사용해서 신용회복위원회의 도움을 받을 수 없다면, 거주 지역의 해당 법원을 통해 채무 조정 지원 서비스를 받을 수 있다. 개인회생 제도는 채무자가 재정적으로 파탄에 처한 경우, 그의 장래 수익성을 법원이 판단해 기본적인 생계비를 제외한 모든 돈으로 5년 동안 빚을 갚고, 나머지 빚은 원금을 포함해 모두 면책받는 제도이다.

3) 개인파산

개인파산은 더 이상 소득이 없거나 채무의 규모가 매우 큰 경우, 개인이 스스로 파산을 신청하고 법원이 파산 선고를 내리면 그 개인은 곧바로 면책 신청을 할 수 있으며, 법원으로부터 신청이 받아들여지면 빚에서 벗어나는 제도이다.

법원으로부터 파산선고가 확정되면 이 사실을 신원증명을 관리하는 시 · 군 · 구청에 통보하여 파산선고 내용이 신원증명서에 기재된다. 선거권과 같은 기본적인 권리는 유지되지만 공무원, 금융회사 종사자, 변호사, 회계사와 같은 전문직으로 진출할 수 없고 일반 회사 취업에도 제약이 따르며 거주지의 이전도 자유롭지 못하고 파산관재인의 관리를 받아야 한다.

[표 4-1]

구 분	개인 워크아웃	프리 워크아웃	개인회생	개인파산
지원대상	연체기간 3개월 이상	연체기간 31~89일	기간은 제한없음	파산 원인 해당자
채무조정	이자전액감면, 원금 최대 70%까지 감면 가능, 원금분할 상환 방식	연체이자 감면, 이자율 하향 원리금분할 상환 방식	가용소득으로 최대 5년간 변제	면책 시 상환의무 없음
주관기관	신용회복위원회		법원	
지원	추심불가(보증인 포함), 소액금융지원, 청년 · 대학생 전환대출 지원, 취업알선, 성실납세자 일시상환 시 감면 혜택	추심불가(보증인 포함), 연체 미등록, 소액금융지원, 청년 · 대학생 전환대출 지원, 취업알선	추심불가 (보증인 제외)	추심불가 (보증인 제외)
공공정보	2년 경과 시 삭제	미등록	5년 경과 시 삭제	5년 경과 시 삭제

출처: 신용회복지원제도, 신용회복위원회.

chapter

05 보험의 위험보장

1. 위험의 개념

1) 위험의 정의

보험이나 위험에서 사용하는 위험(risk)은 손실, 사상, 재난 등이 발생할 가능성을 의미한다. 즉, 위험에는 경제적 손실과 같은 바람직하지 않은 사태와 그러한 사태의 발생에 관한 불확실성이 내포되어 있음을 나타내고 있다. 따라서 물적 · 인적 손실과 같이 바람직하지 않은 결과를 수반하지 않거나, 이미 발생했거나(확률=1) 또는 전혀 발생할 가능성이 없는 경우(확률=0)는 위험이라고 하지 않는다.

2) 위험의 특성

위험은 크게 주관적 위험과 객관적 위험으로 구분할 수 있다. 측정이 곤란하고 개인의 특성에 따라 평가가 달라질 수 있는 위험을 주관적 위험이라 하고, 확률 또는 표준편차 등 통계적 방법을 이용해서 객관적으로 측정할 수 있는 위험을 객관적 위험이라고 한다.

위험 중 순수 위험은 이득의 기회가 전혀 존재하지 않는 상황으로 화재, 낙뢰, 홍수, 지진, 폭발, 붕괴 등으로 인한 재산손실이나 사망, 부상, 불구 등의 인적 손실 등을 예로 들 수 있는 반면, 투기적 위험은 복권이나 경마 그리고 도박과 같이 손실의 기회나 이득의 기회가 모두 존재하는 상황을 말한다.

전통적으로 보험은 순수 위험만을 대상으로 발달했는데, 순수 위험의 경우 사기와 같은 도덕적 해이가 상대적으로 적어 손실 발생을 보다 정확히 예측할 수 있기 때문이다.

3) 일상 생활 속의 위험

(1) 인적 손실위험

일상에서 가장 쉽게 느끼는 위험에는 인적 손실위험이 있다. 인적 손실위험은 말 그대로 사람이 질병이나 사고의 대상이 되어 생명이나 신체에 중대한 손실이 발생하는 위험을 말한다. 우리는 유전적 요인이나 환경적 요인에 의해 유발되는 질병으로 고통을 받을 수 있으며, 심각한 경우에는 사망에 이르기도 한다. 우리나라 사망 원인 1위는 단연코 '악성신생물(암)'이다. 암이 발생할 경우 심리적인 충격, 실직, 발생하게 될 고액의 의료비 등은 큰 부담이 되기도 한다. 모두가 건강하게 평균수명에 이르도록 살기를 희망하지만 많은 사람들이 암, 뇌혈관질환, 심혈관질환으로 고통받거나 사망에 이를 수 있다. 또한 사고로 인해 신체가 손상되거나 사망할 수도 있는데, 계단을 걸어 내려가다가 굴러떨어질 수도 있고 도로에서 교통사고가 날 수도 있으며 강도나 납치범 등에 의해 상해를 입을 수도 있다. 이러한 다양한 원인에 의해 신체적 손상이 발생할 경우 엄청난 심리적 충격과 함께 예기치 않은 치료 비용으로 고통받을 수 있으며, 가장이 사망할 경우 남은 가족이 심각한 경제적 위험에 빠질 수도 있다.

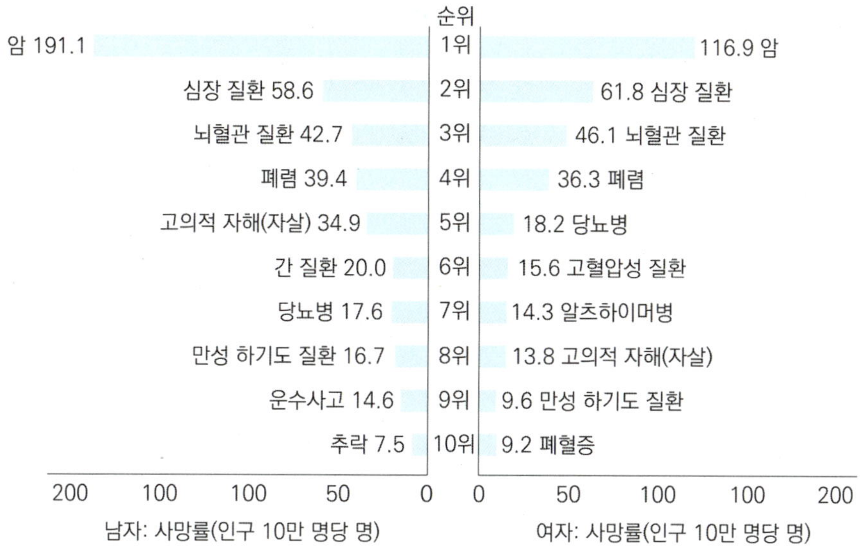

[그림 5-1] **남녀별 사망원인 순위**

출처: 통계청(2018).

(2) 재산손실 위험

재산손실 위험이란 자연재해나 사고 등에 의해 재산의 경제적 가치가 떨어지는 위험을 말한다. 가장 대표적인 재산손실 위험은 주택에 대한 화재 위험이다. 우리가 거주하는 주택은 재산의 가장 많은 비중을 차지하기 때문에 만약 화재사고가 발생한다면 치명적인 자산의 손실을 입을 수 있다. 자동차 사고나 도난 등도 마찬가지이다.

(3) 배상책임 위험

자동차를 운전하다가 보행자를 친 경우 어떻게 해야 할까? 아파트인 우리집 보일러 배수관이 터지면서 아래층으로 누수가 발생하여 아래층의 벽지와 장판 모두 심각한 손실을 입게 한 경우 어떻게 해야 할까? 「민법」 제750조에 따르면 고의 또는 과실로 인한 위법행위로 타인에게 손해를 가한 사는 그 손해를 배상할 책임이 있다. 이렇게 손해배상을 해야 하는 상황이 발생하는 위험을 배상책임 위험이라고 한다. 배상책임 위험은 의사의 오진과 같이 전문가가 의무를 제대로 수행하지 못한 경우에서부터 제조물의 하자, 건축설계의 설계·시공·감리 하자, 임원이나 관리자의 잘못된 의사결정, 해외여행 중 사용시설의 물품 파손 등 다양한 상황에서 발생할 수 있다.

2. 보험의 개념

1) 보험의 정의

보험은 비슷한 위험에 처한 사람들이 자신의 경제적 위험을 제3자(보험회사)에게 전가하는 금융 제도이다. 보험을 통해 각자가 겪을 수 있는 손실을 한데 묶음으로써 손실의 통계적 예측을 가능하게 하고, 자신의 위험을 제3자에게 전가하는 대가로 지불하는 보험료(premium)로 발생 손실을 보상해 준다.

보험의 정의를 좀 더 구체적으로 설명하면 동질의 위험을 가지는 수많은 경제주체들이 모여 하나의 단체를 만들고, 통계적 기초에 의해 산출된 보험료를 납부하여 기금을 형성한 후 우연한 사고로 손실이 발생한 가입자들에게 보험금을 지급함으로써 경제생활의 불안을 경감시켜 주는 사회적 제도를 말한다.

2) 보험의 원리

보험의 가장 큰 원리는 다수의 가입자가 적은 돈(보험료)을 내고 보험사고가 발생하면 목돈(보험금)을 타는 것으로 손실(위험)을 다수의 사람에게 전가하고 분산하는 위험분담의 원칙이 적용된다.

(1) 대수의 법칙(Law of large numbers)

어떠한 사건의 발생비율은 1회나 2회의 관찰로는 측정이 어렵지만 장기적으로 관찰하면 일정한 확률로 발생한다는 수학적 개념이다. 예컨대, 특정 주사위 눈이 나올 확률은 처음에는 1이나 2와 같은 특정한 수가 많이 나올 수 있지만 계속 던지다 보면 결국 6개의 숫자가 거의 비슷하게 나오고, 동전도 처음에는 앞면만 계속 나올 수 있지만 계속 던지면 앞면과 뒷면이 나오는 확률은 반반씩으로 서로 비슷해진다. 이 원칙을 통해 보험사고가 발생할 확률을 예측하고, 사고 발생률을 기초로 해서 기본 보험료를 책정할 수 있다.

(2) 수지상등의 원칙(principle of equivalence)

각 보험종목별 보험가입자로부터 납입되는 순 보험료(위험보험료)의 총액이 그 위험집단에게 지급되는 보험금 총액과 같아야 한다는 원칙으로 만약 보험회사나 보험가입자가 수지상등의 원칙 없이 보험을 통해 큰 이득을 얻는다면 이는 보험이 아닌 사행산업에 가까울 것이다. 대수의 법칙에 의해 측정한 손해율이 높으면 보험료를 올리고 손해율이 낮으면 보험료를 내려서 적정 수준으로 보험료를 책정하게 된다.

(3) 실손보상의 원칙

보험은 불특정다수를 대상으로 판매될 수밖에 없고 보험회사가 먼저 만든 약관에 의해 보험금 지급 여부가 결정되기 때문에 보험회사나 보험가입자 모두 서로 상대방의 신뢰에 어긋나지 않도록 성실성을 가지고 행동해야 한다는 원칙이다. 보험회사는 신의성실에 따라 공정하게 약관을 해석해야 하고 계약자를 차별하지 않는 반면, 보험계약자는 보험가입 시 기존 질병이나 위험직종에 근무하는 사실 등 보험료나 보험가입을 결정하기 위한 중요한 사항에 대해서는 최대한 성실하게 보험회사에 알려야 한다.

(4) 신의성실의 원칙

보험은 불특정다수를 대상으로 판매될 수밖에 없고 보험회사가 먼저 만든 약관에 의해 보험금 지급 여부가 결정되기 때문에 보험회사나 보험가입자 모두 서로 상대방의 신뢰에 어긋나지 않도록 성실성을 가지고 행동해야 한다는 원칙이다. 보험회사는 신의성실에 따라 공정하게 약관을 해석해야 하고 계약자를 차별하지 않는 반면, 보험계약자는 보험가입 시 기존 질병이나 위험직종에 근무하는 사실 등 보험료나 보험가입을 결정하기 위한 중요한 사항에 대해서는 최대한 성실하게 보험회사에 알려야 한다.

생각해 보기 - 근대보험의 시작_영국

근대 보험의 기원이 되는 곳은 바로 영국 런던의 로이즈 커피하우스다. 로이즈 커피하우스는 1687년경 사무엘 로이드(Samuel Lloyd)가 처음 문을 열었고, 그의 아들 에드워드 로이드(Edward Lloyd)가 물려받으면서 점차 사업가나 학생뿐만 아니라 항해와 관련된 사람들의 모임장소로 발전하였다. 선원들은 로이드 커피하우스에서 바다 날씨와 만조 시간, 해적 출몰 지역, 나라별 특산품, 선박의 출항 및 도착 시간 등 각종 무역 거래에 관한 정보를 교환하기 시작했고, 이 모습을 본 에드워드는 고객들의 편의를 위해 화물선의 출발 시간이나 도착 날짜 등 중요한 정보를 종이쪽지에 적어 벽에 붙여 놓았다.

에드워드는 손님들의 반응이 좋자, 1696년부터 '로이즈 리스트(Lloyd's List)'라는 정기 정보지를 발간해 무역 거래에 관한 중요 정보를 제공했다. 2면으로 구성된 로이즈 리스트는 주 3회 발행되었으며, 여러 가지 유익한 기사와 소식이 실림으로써 당시 무역상인들 사이에서 가장 많이 읽히는 신문이 되었다.

에드워드는 해상무역 과정에서 여러 손실 리스크에 공동으로 노출되어 있던 선원들의 위험보장의 필요성이 제기되자 이를 놓치지 않고 리스크를 공동 인수하기 시작하면서 언더라이터(Underwriter; 유가증권의 인수를 업무로 하는 금융업자 또는 보험계약을 인수하는 보험업자)가 되는데, 바로 이것이 영국 해상보험의 시작이다.

또한, 에드워드는 정식 보험약관은 아니지만 종이 한 장(slip)에 보상내용을 약속한 뒤 하단에 서명(underwriting)을 했고, 이것이 해상보험으로 발전하게 되었다. '작은 종잇조각'이라는 뜻의 slip은 오늘날 보험을 가입할 때 쓰는 '청약서'란 용어로 사용되고, 현재 증권사나 보험사 등이 '위험 심사 및 인수'라는 의미로 사용하는 '언더라이팅(underwriting)'이라는 금융용어 역시 에드워드가 보험료를 받고 위험을 인수하면서 계약서의 합의 조항 아래(under)에 그의 이름을 써 주고(writing) 약속 이행을 확약한 데서 유래되었다고 한다.

한편, 로이즈 커피하우스의 고객 중 상업이나 선박업에 대한 정보를 교환하는 보험회사 대리인 그룹이 눈에 띄게 불어났다. 1771년에는 재력과 신뢰를 갖춘 79명의 언더라이터들이 입회비 100파운드를 납부하고 로이즈 협회(Society of Lloyd's)를 결성하였고, 18세기를 지나면서 로이즈 커피하우스는 세계 최대의 보험회사인 런던 로이즈사(Lloyd's of London)로 성장하게 되었다.

3) 보험의 기능

보험은 사회적으로 여러 가지 혜택을 가져다주는데, 그중에서 중요한 기능으로는 다음과 같은 것들이 있다.

첫째, 사고나 자연재해가 초래할 손실에 대비하여 개인이나 기업은 그러한 손실로부터 회복할 수 있는 수단을 제공한다. 보험은 다수로부터 보험료를 갹출하여 그러한 손실로부터 개인이나 기업이 쉽게 회복할 수 있도록 도와줌으로써 생활이나 경영상의 안정을 빨리 가져올 수 있다.

둘째, 보험은 경제적 손실을 보상받을 수 있는 자금의 원천을 제공하기 때문에 개인과 조직에 안도감을 가져다준다. 예를 들어, 가장이 생명보험에 가입되어 있다면 비록 가장이 사고를 당하더라도 최소한 경제적 고통을 덜 수 있으므로 그만큼 가정생활의 위험보장수준은 높아진다.

셋째, 보험회사는 보험료를 모아 대규모의 자본을 형성함으로써 투자자금의 원천으로서의 기능을 하며 경제성장에 도움을 주게 된다.

넷째, 보험은 가입자의 신용을 높인다. 예를 들어, 개인이 대출을 받고자 하는 경우 보증보험의 가입은 개인의 신용도를 높여 주며, 회사의 경우에도 적절한 보험에 가입함으로써 회사의 신용도를 높일 수 있다. 회사가 화재보험이나 이행보증보험에 가입해 있으면 그 회사는 그렇지 않은 회사보다 신용도가 높을 수밖에 없다. 보험은 이와 같이 신용의 확대를 통하여 경제활동에 도움을 준다.

3. 보험의 기초

1) 보험계약의 성격

보험계약은 청약이라는 보험가입 의사표시에 대해 승낙이라는 의사표시가 일치되면 성립된다. 이론적으로 청약은 보험계약자가 보험자에 대해 일정한 보험계약을 맺을 것을 목적으로 하는 일방적 의사표시로 의사표시 방법에 제한이 없으므로 구두로 하든 서면에 의하든 상대방에게 도달하면 효력이 발생하고, 상대방이 승낙의 의사표시를 하면 성립되는 계약이기 때문에 불요식(不要式), 낙성(諾成)계약이라고 한다.

따라서 보험계약 성립 후 보험회사가 발급하는 보험증권이나 최초의 보험료는 보험계약의 성립요건이나 효력발생의 요건이 아니다. 그러나 실무적으로는 보험회사의 책임개시는 당사자의 특약이 없는 한 최초의 보험료를 받은 때부터 발생하고, 보험계약에서는 형식적 요건으로서 보험청약서를 사용한다.

보험계약에서 보험회사는 보험금 지급의무가 있고 보험계약자는 보험료를 납부할 의무가 있으므로 상호 금전적 채무 의무가 있는 계약이다. 아울러 보험계약은 보험회사가 미리 만들어 놓은 약관이나 상품으로 다수의 보험계약자와 계약을 체결하고 동일하게 적용되기 때문에 보험계약자를 보호하기 위한 다양한 규제가 있다.

2) 보험계약의 해지

계약이 유효하게 성립하려면 위에서 언급한 계약의 요건을 충족해야 하고 계약 당사자는 합의된 계약 내용대로 이행하여야 한다. 그러나 계약이 진행되는 도중에 계약을 파기해야 하거나, 계약의 내용대로 이행할 수 없는 경우 남은 계약기간에 대해 계약 효력을 중지(계약의 해지)해야 하거나, 처음부터 계약이 없었던 것처럼 계약을 해소(계약의 취소 또는 해제)할 필요성이 생긴다.

(1) 계약의 해지

보험계약에 있어, 장래에 대해서 계약의 효력을 소멸시킬 필요성이 발생하게 되는데 이런 경우 당사자의 의사표시를 해지(解止)라고 한다. 즉, 보험계약을 계속해서 유지할 수 없는 사건이 발생할 경우 보험계약자나 보험회사는 보험계약을 해지할 수 있는데 이럴 경우 지금까지 진행되어 왔던 보험계약은 유효하지만 장래의 남은 기간에 대한 계약은 그 효력을 잃게 된다. 보험계약이 해지되면 장래에 대하여 보험계약이 종료되며 보험회사는 잔여기간에 대한 보험료(해약환급금)를 환급하게 된다.

(2) 계약의 무효

계약의 무효는 일단 계약이 성립한 것처럼 보이지만 무효로 정한 사유가 존재하여 계약이 효력을 발생하지 않는 경우를 말한다. 따라서 계약은 처음부터 법적인 효력이 없으며 당사자 간은 물론 원칙적으로 누구에게나 무효인 것이다. 예를 들어, 계약의 내용이 사회질서에 크게 위반하는 경우(범죄행위를 목적으로 하거나, 윤리질서에 반하거나, 개인의 자유를 지나치게 제한하거나, 지나치게 사행적인 계약 등)와 의사무능력자와 체결한 계약은 무효가 되며 계약의 내용대로 이행한 당사자는 상대방에게 원상회복을 청구할 수 있으며 상대방은 이에 협력할 의무가 있다.

3) 보험계약의 기본요소

(1) 보험료와 보험금

보험료는 보험가입자가 보험회사에 내는 돈을 말하며, 보험금은 보험사고가 발생할 경우 보험회사가 보험가입자에게 지급하는 돈을 말한다. 보험료는 지급하는 보험금 액수에 비례한다. 그러나 가장 중요한 것은 보장하는 위험의 사고확률이다. 사고확률이 높아지면 받는 보험금 대비 보험료가 비싸진다. 흔히 자동차 사고발생률이나 암발병률이 높아져서 관련 보험의 보험료가 올랐다는 소식을 접하게 되는데, 바로 이러한 이유이다.

(2) 보장기간과 납입기간

보험계약에서 보장기간이 의미하는 것은 위험이 발생했을 때 보험금이 지급되는 기간이다. 반면, 납입기간은 보험에 가입하여 보험료를 내는 기간이다. 보험료는 일시납과 분납이 가능하지만, 일시에 보험료를 납부하는 경우 가계에 부담이 상당하기 때문에 보통 매월 보험료를 납부하는 방법을 선택하므로 납입기간이 길게는 20~30년에 이르는 보험계약도 많다.

(3) 정액보장과 실손보장

보험사고가 발생하여 보험금을 지급받는 방법은 크게 정액보상과 실손보상으로 나뉜다. 정액보상이란 보험계약 시 정한 금액을 보상하는 것이고, 실손보상은 실제 손해액을 보상한다. 생명보험은 주로 정액보상을 하며, 손해보험은 주로 실손보상을 하는데 그 이유는 생명과 관련된 손해나 손실은 그 가치가 측정하기 어려워 실제 보상액을 산정하기가 어렵기 때문이다. 반면, 병원비나 자동차, 건물 등의 파손액은 가시적인 금액이 쉽게 산출되므로 실손보상이 가능하다.

정액보상을 하는 보험의 경우, 유사한 상품에 가입하더라도 보험사고가 발생했을 때, 여러 보험상품으로부터 중복적으로 보험금을 지급받을 수 있지만 실손보상을 하는 보험의 경우 실제 발생한 손해나 손실액만 보상하므로 여러 보험에 가입한다고 하여 보험금이 늘어나지 않는다. 이 사실을 모르고 유사한 실손보험에 가입하면 불필요하게 보험료만 많이 납부하게 된다.

⑷ 보험 관련 이해자

보험회사와 보험계약을 하고 보험료를 납부할 의무를 가진 사람을 보험계약자라고 하며, 보험계약으로 담보되는 사람은 피보험자라고 한다. 보험계약이 담보된다는 것은 피보험자로 지정된 사람에게 보험사고가 발생해야 보험금의 지급이 이루어진다는 의미이다. 이때 보험금을 수령하는 사람을 보험수익자라 한다.

손해보험에서 피보험자는 보험목적물에 대하여 경제적 이해관계를 가진 사람으로서 보험사고가 발생하였을 때 보험보상을 받는 사람을 의미한다. 그러나 인보험에서 피보험자는 생명 또는 상해에 대한 보험대상자를 의미하며, 보험의 대상인 피보험자에게 보험사고가 발생하였을 때 보험금을 수급하는 보험수익자가 따로 설정된다.

즉, 인보험에서 보험계약자와 피보험자, 보험수익자는 모두 같을 수도 있고 각각 다를 수도 있다. 가령, 조부모가 손자녀가 아플 때를 대비해 본인을 보험계약자, 손자녀를 피보험자, 손자녀의 부모인 자신의 자녀를 보험수익자로 각각 지정하여 보험에 가입할 수 있다. 이 경우 보험계약자인 조부모는 보험료 납입 의무가 있으며 피보험자인 손자녀에게 병원비 등이 발생할 경우 보험수익자인 부모가 보험금을 지급받는다. 반면 조부모 스스로 본인이 아플 때를 대비해 본인을 피보험자 및 보험수익자로 지정하여 보험계약을 할 수도 있다.

〈표 5-1〉 보험 이해자 구분

구분	손해보험	생명·상해·질병보험
보험료 납입의무	보험계약자	보험계약자
청약철회, 계약취소, 계약임의해지권한	보험계약자	보험계약자
보험 사고대상	자동차, 건물, 화물 등	피보험자
보험금 청구권	피보험자	보험수익자
계약 전 알릴 의무(고지의무)	보험계약자, 피보험자	보험계약자, 피보험자

4. 보험의 종류

1) 사회보험과 민영보험

(1) 사회보험

사회보험은 그 대상인 피보험자가 노령, 상병, 실업 혹은 사망과 같은 일정한 사고의 발생에 의한 생활의 불안을 보장하는 것을 목적으로 국민의 기초적이고 기본적인 생활의 안정을 위해 국가 차원에서 위험관리가 필요하다고 판단되는 영역에 제공되는 공적 보험이다. 소득의 재분배 성격을 띠며, 기본적으로 현금 급부의 형태이나 때때로 현물 급부방식을 취한다. 사회보험에 있어서는 대부분의 경우 보험료의 부담은 근로자, 사용자 및 국가 등 3자가 담당하며 또한 그 대상은 일반 국민이 된다. (국민건강보험, 산재보험, 고용보험)

(2) 민영보험

시중에는 수없이 많은 보험상품이 판매되고 있다. TV 채널을 돌리다 보면 어렵지 않게 홈쇼핑에서 보험상품을 판매하는 것을 볼 수 있는데, 보험회사가 취급하는 이런 보험상품들이 모두 민영보험이다. 보험상품은 다소 복잡한 구조를 가지고 있기에, 오히려 금융소비자의 시각에서는 다 비슷하게 인식되기도 한다.

〈표 5-2〉 보험업의 구분

구분	생명보험	손해보험	제3보험
정의	사람의 생존 또는 사망에 관하여 약정한 급여의 제공을 약속하고 금전을 수수하는 것을 업으로 행하는 것	우연한 사고로 인하여 발생하는 손해의 보상을 약속하고 금전을 수수하는 것을 업으로 행하는 것	사람의 질병 · 상해 또는 이로 인한 간병에 관하여 약정한 급여를 공하거나 손해의 보상을 약속하고 금전을 수수하는 것을 업으로 행하는 것
보험 종목	1. 생명보험 2. 연금보험(퇴직보험포함)	1. 화재보험, 2. 해상보험(항공운송보험 포함), 3. 자동차보험, 4. 보증보험, 5. 재보험, 6. 책임보험, 7. 기술보험, 8. 권리보험, 9. 도난보험, 10. 유리보험, 11. 동물보험, 12. 원자력보험, 13. 비용보험, 14. 날씨보험	1. 상해보험 2. 질병보험 3. 간병보험

2) 생명보험

생명보험은 사람의 생존과 사망을 주된 보험사고로 하는 보험이다. 따라서 보험기간 중에 피보험자가 사망한 경우에는 사망보험금을 지급하고, 보험기간 중에 생존해 있는 경우에는 연금과 같은 생존보험금을 지급하는 상품으로 구성되어 있다.

(1) 종신보험

생명보험의 대표적인 보험상품으로 종신보험을 들 수 있다. 종신(終身)이란 '목숨이 다하기까지의 동안'이란 뜻으로 종신보험은 보험기간을 별도로 정하지 않고 피보험자가 사망할 때까지를 보험기간으로 정한 후, 사망하면 보험금이 지급되는 상품이다. 일반적인 보장성보험은 피보험자가 생존해 있을 때 보험금이 지급되는 반면, 종신보험은 피보험자가 사망한 경우에 지급되기 때문에 일반적으로 유족의 생활보장을 목적으로 한 보험으로 인식되고 있다.

(2) 정기보험

정기보험은 보험기간이 15년, 20년 등 확정되어 있는 상품으로 보험기간이 피보험자 사망 시까지인 종신보험과 구분된다. 종신보험의 경우, 사람은 언젠가는 사망하므로 보험회사 입장에서 볼 때, 보험금 지급이 확정된 상품이기에 보험료가 높게 책정될 수밖에 없다. 반면 정기보험의 경우 보험기간의 만기일까지 피보험자가 사망하지 않으면 보험금을 지급하지 않아도 되므로 종신보험에 비해 상대적으로 저렴한 보험료로 고액의 보장을 받을 수 있다는 장점이 있다.

(3) 변액보험

보험계약자가 납입하는 보험료의 일정 부분을 특별계정에 따로 분류하여 주식이나 채권 등에 투자하고, 그 운용실적에 따라 투자이익을 배분함으로써 보험기간 중 보험금과 해지환급금이 변동되는 보험상품을 '변액보험'이라 한다. 변액보험은 운용실적에 따라 투자이익을 배분할 수도 있지만 손실이 발생할 수도 있는 투자상품이다.

변액보험은 사망 시 보험금 지급을 주된 목적으로 펀드의 운용실적에 따라 사망보험금이 변동되는 '변액종신보험'과 노후생활자금 확보를 주된 목적으로 펀드 운용실적에 따라 적립된 금액을 연금으로 지급하는 '변액연금보험', 그리고 수시 입출금이 가능하도록 한 '변액유니버셜보험' 등이 있다.

(4) 연금보험

연금보험은 대표적인 생명보험 상품으로서 피보험자가 보험기간 동안 생존해 있는 경우에 보험금을 지급하는 상품이다. 평균수명이 길어지고 초고령화 사회로 이행하는 과정에서 인간의 장수는 축복이 아닌 재앙이 될 수 있다. 은퇴 이후의 안정적인 경제생활을 유지하도록 하기 위해 소득이 있는 기간 동안 보험료를 납입하여 일정 연령 이후에 연금을 수령할 수 있도록 한 것이 연금보험의 핵심이다.

3) 손해보험

생명보험이 피보험자의 생존 또는 사망을 보험사고로 하고 있는 데 반해 손해보험은 피보험자의 재산상의 손해를 보상하는 보험이다. 생명보험은 피보험자의 사망이 확실하지만 언제 보험사고가 발생할지 알 수 없는 반면, 손해보험은 보험사고의 발생여부, 발생시기, 발생의 규모 등의 모든 것이 불확실하다. 그러므로 손해보험은 '실제 발생한 손해를 보상하는 보험'이라는 의미이다.

(1) 화재보험

건물 등의 보험목적물에 화재사고가 발생한 경우 화재로 인한 손해를 보상하는 보험이 화재보험이다. 화재보험은 보상하는 보험기간이나 운용하는 방식에 따라 일반화재보험, 주택화재보험, 장기화재보험으로 구분한다. 화재보험에서는 화재로 인한 보험목적물의 직접손해와 화재를 진압하는 과정에서 발생하는 소방손해, 그리고 화재로 인한 피난손해를 보상한다.

(2) 배상책임보험

배상책임보험이란 피보험자가 일상생활, 직업적인 활동 혹은 기업활동 등을 하면서 다른 사람의 신체를 손상시키거나 재산상의 손해를 입혀 법률상의 배상책임이 발생한 경우, 이로 인한 경제적 손실을 보상하는 보험을 말한다.

(3) 자동차보험

자동차를 운전하던 중 교통사고가 일어날 경우 운전자는 피해차량의 운전자와 탑승자에 대하여 치료비와 위자료, 일실수익 등의 손해와 상대방 차량의 수리비 등에 대한 손해배상을 해야 한다. 또한 가해자이지만 본인도 다치게 되면 본인의 치료비와 본인이 운전하던 차량에도 적지 않은 수리비가 발생하게 된다. 이렇게 자동차보험은 자동차 사고로 인한 상대방에 대한 손해배상과 교통사고를 유발한 운전자 본인의 손해 등을 보상하는 보험이다.

▌생각해 보기 - 화재와 보험

2017년 6월 14일 영국의 런던에 있는 한 고층 아파트에서 대형 화재사고가 발생하였다. 1970년대에 지어진 아파트의 리모델링 과정에서 사용된 건축외장재로 인해 화재가 급속도로 번졌고, 스프링클러나 비상구도 없어 인명피해를 키웠다는 지적이 나온다. 선진국으로 인식되던 영국에서 후진국형 대형 화재참사가 발생한 것은 전 세계 사람들에게 충격이 아닐 수 없었다. 과거 1666년 영국에서는 '런던 대화재'가 발생하여 런던 시내의 80%가 소실되는 참사를 겪은 바 있다. 이후 영국은 「건축법」을 변경하여 건축물의 소재로 목재를 제한하고, 소방시설을 구축하도록 하고 지구상에서 처음으로 화재보험을 만들기도 하였다.

우리나라에서도 1971년 12월 25일 오전 9시 50분경 서울특별시 중구 충무로 소재 22층짜리 대연각호텔에서 화재가 발생하였다. 화재는 1층 커피숍 주방에 있던 LP가스가 폭발하면서 발생했는데, 폭발로 인해 불길이 계단을 타고 올라가자 투숙객들이 대피할 수 없는 상황이 발생하였다. 화재 발생 후 1시간 반만에 건물 전체가 화염에 휩싸이면서 투숙객 163명이 사망하고 63명이 부상을 입는 대형참사로 이어졌다.

당시 호텔과 소방서까지는 700m 거리에 불과했지만, 당시의 사다리차는 32m 정도의 7층까지 밖에 운용할 수 없었기 때문에 많은 인명피해를 가져왔다. 이 사건 이후로 대형건물에 스프링클러, 방화문, 방화설비 등의 소방설비에 대한 규제가 시작되었으며, 많은 인명피해에 대한 보상을 위해 「화재로 인한 재해보상과 보험가입에 관한 법률」이 제정되었다. 대연각호텔 화재사고는 전 세계에 생중계되면서 많은 관심을 불러일으키기도 했으며, 실제 영화 미국 헐리우드 영화 '타워링(1974년)'과 우리나라의 영화 '타워(2012)'의 소재가 되기도 하였다.

4) 제3보험

제3보험은 사람의 질병이나 상해 또는 이로 인한 간병이 필요한 상태를 보험사고로 하는 보험이다. 제3보험은 2003년 「보험업법」 개정을 통해 독립된 보험업으로서의 지위를 갖게 되었다. 생명보험회사나 손해보험회사 거의 대부분의 보험상품이 주계약(기본계약)에 제3보험 상품의 특별약관을 부가하는 형태로 이루어져 있기 때문에 사실상 거의 모든 인보험 상품이 제3보험의 영역에 해당한다고 보아도 무방하다. 제3보험은 상해보험, 질병보험, 간병보험으로 구성되어 있다.

(1) 상해보험

상해보험은 피보험자가 보험기간 중에 급격하고도 우연한 외래의 사고로 신체에 입은 상해를 보상하는 보험이다. 상해사고의 종류나 담보하는 보장항목에 따라 일반상해보험, 교통상해보험, 운전자보험, 여행자보험 등이 여기에 속한다.

(2) 질병보험

우리는 살아가면서 가벼운 감기에서부터 심각한 중증질환까지 다양한 질병의 위험을 겪을 수 있다. 질병은 상해사고와는 달리 유전적 요인이나 환경적 요인, 연령, 성별 등에 따라 그 위험도가 다르다. 이렇게 질병에 걸리게 된 경우 질병으로 인한 진단, 수술, 입원, 통원 등에 대하여 보상하는 보험이 질병보험이다. 대표적인 질병보험은 건강보험, 암보험, 치명적 질병보험, 실손의료보험 등이 있다.

5. 보험가입 채널

보험상품의 판매는 흔히 '모집'이라고 정의되기도 하는데, '모집'이란 보험계약의 체결을 중개하거나 대리하는 것을 말한다. 「보험업법」에서는 보험상품의 모집을 할 수 있는 자를 보험설계사, 보험대리점, 보험중개사, 보험회사의 임원(대표이사, 사외이사, 감사 및 감사위원 제외) 또는 직원으로 제한하고 있다.

1) 보험설계사

우리나라의 전통적인 보험판매채널은 보험설계사이다. 보험설계사란 "보험회사·보험대리점[3] 또는 보험중개사[4]에 소속되어 보험계약의 체결을 중개하는 자로서 금융위원회에 등록된 자"를 말한다. 보험설계사는 직접적인 보험계약의 체결권이나 고지의무 수령권[5] 등이 없으며, 단지 중개할 수 있을 뿐이다. 보험설계사로 등록하기 위해서는 별도의 교육과정을 거친 후 시험에 합격하고 등록과정을 거쳐야 하며, 매 2년마다 보수교육을 받아야 한다.

2) 방카슈랑스

요즘에는 은행이나 증권회사 창구에서 금융상품 판매직원이 보험상품을 권유하는 것을 어렵지 않게 경험할 수 있다. 이렇게 보험회사가 아닌 금융회사에서 보험상품을 판매하는 것을 방카슈랑스라 한다. 방카슈랑스는 은행의 'Bank(Banque)'와 보험의 'Assurance'를 합성한 단어로 법률상의 명칭은 '금융기관보험대리점'이다.

3) 복합금융점포

거래하고 있는 금융회사가 여럿인 경우, 자동이체계좌의 변경이나 공인인증서의 발급신청·등록 등과 같은 업무를 단 한 번의 방문으로 한꺼번에 처리할 수는 없을까? 이처럼 은행, 증권, 신용카드, 생명보험, 손해보험 등의 여러 금융상품에 대해 금융상품을 만드는 각 계열사는 그대로 둔 채, 판매는 하나의 통합된 점포에서 금융상품을 판매하는 점포를 복합금융점포라 한다.

4) 텔레마케팅

텔레마케팅은 통신판매수단의 대표적인 보험상품 판매채널로 자리매김하고 있다.

텔레마케팅은 보험상품의 판매를 위해 보험회사가 확보한 고객 데이터 베이스 자료를 토대로 직접 고객에게 전화를 걸어 보험상품의 가입을 권장하는 아웃바운드(Out-bound) 채널과 인터넷, 신문, 홈쇼핑 채널을 통해 보험을 가입하려는 자발적 가입자의 전화 유입을 통해 계약을 체결을 진행하는 인바운드(In-bound) 채널로 나뉘어진다.

5) 홈쇼핑 채널

최근 TV채널이 다양화되면서 홈쇼핑 채널에서도 보험상품을 판매하고 있다. 홈쇼핑 채널을 통한 보험상품의 판매는 해당 채널이 진행되는 동안 보험상품에 대한 상세한 설명을 통해 보험상품의 가입을 유도할 수 있다. 그러나 과도한 과장광고나 보험금을 지급하지 않는 사유 등에 대한 설명은 축소하거나 아예 설명하지 않는 등의 부작용이 확인된 경우 감독당국의 제재조치를 받기도 한다.

6) 온라인 보험슈퍼마켓

1990년대 말부터 인터넷 환경이 본격적으로 구축되면서부터 보험산업에도 인터넷 바람이 불기 시작했다. 가장 먼저 선두주자로 나선 것이 자동차보험이다. 자동차보험은 보험의 특성상 1년 단위로 가입해야 하고 보장하는 항목도 비교적 단순하며 모두 동일한 내용으로 구성되어 있다. 따라서 자동차보험을 가입하는 가입자의 경력요율이나 사고발생에 대한 기초 정보만 있다면 보험료를 산출할 수 있고, 여러 보험회사의 보험료도 비교할 수 있게 된 것이다.

'보험다모아(www.e-insmarket.or.kr)'에서는 단독실손의료보험, 자동차보험, 여행보험, 보장성보험, 저축성보험으로 구분하고 가입자의 기본정보를 입력하면 동일·유사 조건의 보험상품 목록을 확인하여 보험을 가입할 수 있다.

chapter

06 금융을 활용한 부자 기초 다지기

1. 통장 만들기

일반적으로 취업한 사회 초년생들의 첫 통장은 회사에서 기본급, 성과급 등 각종 급여를 받는 급여통장이다. 언제든 원할 때 돈을 넣었다 뺄 수 있는 수시입출금식 예금통장이나 CMA(Cash Management Account)를 급여통장으로 이용한다. CMA는 은행의 보통예금 통장보다 금리가 높다.

1) 급여통장 만들기

보통의 통장과 마찬가지로 신분증을 지참하여 지점을 방문하면 쉽게 만들 수 있다. 급여통장이라고 해서 직장인임을 증명하기 위한 재직 증명서 등을 추가로 제출할 필요는 없다. 다만 매달 "급여 또는 월급" 등 특정 명목으로 일정금액(예: 50만원) 이상이 꼬박꼬박 입금되는 등 금융회사별 제시 요건을 충족하면 각종 급여통장의 혜택을 누릴 수 있다.

2) 급여통장의 혜택

- 급여통장으로 계좌이체나 출금시 관련 수수료를 면제 또는 할인받을 수 있다.
- 적금 · 예금 · 대출 등 다른 금융상품을 활용 시 우대금리를 제공해 준다.

• 해외여행 등 외국 돈이 필요할 때 환전수수료를 우대해 준다.

3) 급여통장 관리하기

• 매월 1회 이상 급여통장 입출금 내역을 뽑아 수입 · 지출 내역을 파악한다.
• 수입 · 지출관리를 수월하게 하려면 공과금, 카드 대금결제 등 각종 지출이 급여통장을 통해 이루어지도록 자동이체나 결제계좌 등록을 하는 게 좋다.
• 매달 급여일 전, 급여통장에 남은 돈은 비상금통장으로 이체하면 월 단위로 수월하게 수입과 지출을 관리할 수 있다.

4) 비상금통장 관리하기

비상금통장은 갑작스러운 병원비나 경조사, 명절 용돈 등 예상치 못한 지출에 대비하여 여윳돈을 마련해 두는 통장이다. 비상금통장 또한 수시로 입출금이 자유로운 예금통장이나 CMA를 활용하는 것이 좋다.

• 비상금통장은 반드시 급여통장과 분리하여 만드는 것이 좋다. 보통 급여통장에 남아 있는 잔액을 비상금으로 여기는 경우가 많은데, 잘 관리하지 않으면 카드 결제대금 등으로 빠져나가 비상시에 정작 쓸 돈이 남아 있지 않은 경우가 많다.
• 목표 비상금액을 정한 후, 금액 수준을 유지하려고 노력한다. 가령 '비상금으로 200만 원 정도를 마련'하는 계획을 세웠다면, 다른 저축이나 투자계획에 앞서 우선 비상금 통장을 먼저 채우는 게 좋다.
• 긴급한 사정으로 비상금을 사용한 후에는 반드시 목표 비상금액을 다시 채워 두려고 노력한다. 매달 급여통장에 남은 돈을 비상금통장으로 이체하면 목표한 비상금액 유지에 도움이 된다.

▌나의 돈 관리 개념도

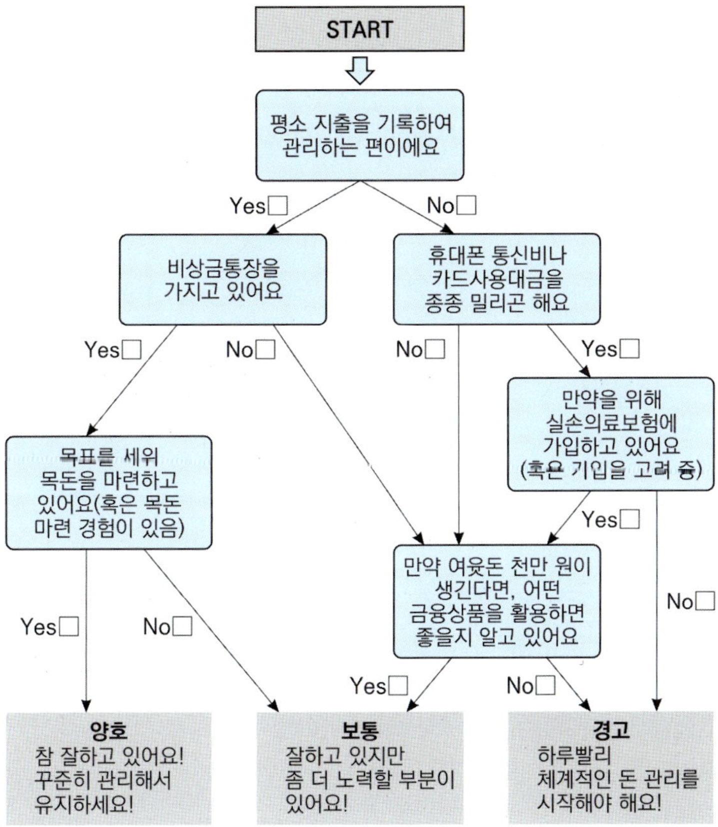

2. 소비도 저축

자산을 모으고 불리기 위해서 우선으로 해야 할 일은 저축할 수 있는 여력, 즉 여유자금을 확보하는 것이다. 새는 돈을 줄이고, 무조건 안 쓰기보다는 좀 더 가치 있고 의미 있는 소비에 집중한다면 저축 여력을 만들 수 있다.

1) 지출습관 파악하기

번 돈보다 쓰는 돈이 적어야 한다는 사실은 누구나 알고 있다. 하지만 어느 정도의 금액을 쓰는 게 소득에 맞는 것인지 한 번에 알기는 어렵기 때문에 최소 2~3달 정도의 지출 내역을 정리해 보는 것이 좋다. 최근 편리한 가계부 앱이 많이 출시되고 있으므로 적극 활용한다면 도움이 된다.

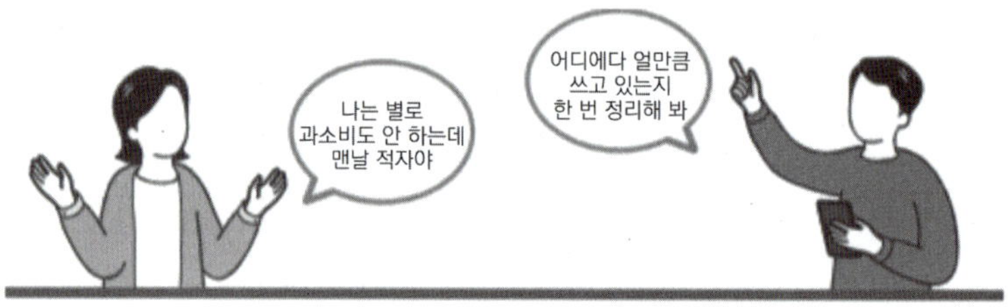

식료품비, 외식비, 교육비, 오락비, 교통비, 통신비, 의복비 등 항목별로 지출내역을 정리해 보면 어디에 많이 지출하고 있는지 파악하기 쉽다.

2) 지출 우선순위 정하기

본인이 지출내용을 정리했다면 지출항목별 우선순위를 정해 본다. 반드시 지출이 필요한 곳부터 순위를 매기면서 포기할 수 있는 항목과 포기할 수 없는 항목을 정한 후, 예산 범위 내에서 지출 가능한 항목을 결정한다.

3) 지출관리를 위한 실천계획 수립하기

지출항목을 얼마큼씩 줄여야겠다는 마음이 들었다면 이를 실천하기 위한 계획을 만들어야 한다. 자신의 성향을 고려하여 오랫동안 실천할 수 있는 현실적인 계획을 세우는 것이 무엇보다 중요하다.

4) 체크카드 활용하기

신용카드 대신 체크카드를 사용하면 통장에 잔액이 없을 경우 사용할 수 없으므로 소비를 효과적으로 통제할 수 있다. 최근에는 대부분 금융회사가 체크카드를 사용할 때마다 잔액을 알려 주는 문자알림서비스를 제공하고 있어 통장잔고를 확인하며 지출을 관리할 수 있다.

▌지출관리 실천계획(예시)

1. 평소에는 신용카드를 놔두고 체크카드를 들고 다닌다.
2. 쇼핑List를 꼭 작성하고, List에 없는 물건은 되도록 사지 않는다.
3. 통신비를 아낄 수 있는 요금제도를 알아본다.
4. 무료로 즐길 수 있는 공연 등이 없는지 자주 검색해 본다.
5. 공과금 등을 제때 납부하여 불필요한 가산료를 내지 않는다(이번 주 내에 자동이체 신청하기).
6. 매월 지출항목별 상한금액을 정해서 넘기지 않도록 관리한다(지출 다이어리에 항목별로 기록하기).

3. 저축: 목돈 모으기

인생을 살다 보면, 결혼, 주택마련, 자녀교육비, 창업 등 목돈이 필요한 순간이 찾아온다. 또한 일정 이상의 목돈이 있어야 금융상품 등을 이용해 적절히 운용하며 자산을 불려 나갈 수 있다. 목돈 마련을 위한 자신만의 구체적인 계획을 세워 보자.

1) 수입금액 관리

우선 매월 얼마의 소득이 꾸준히 들어오는지 파악해 본다. 급여 생활을 하는 직장인도 성과급이나 시간 외 수당 등에 따라 매월 수입이 달라질 수 있기 때문에 급여통장 내역 등을 살펴 평균 소득을 산출해야 한다. 이 금액에서 앞서 파악한 자신의 매월 지출금액을 빼면 매월 얼마씩 모을 수 있는지 알 수 있다.

매월 평균소득 − **매월 평균지출액** = **매월 저축가능금액**

매월 평균소득		매월 평균지출액		매월 저축가능금액
급여통장, 급여명세서 살피기	−	자신의 지출습관과 지출관리계획 고려하기	=	최대로 저축할 수 있는 돈을 계산해 보기

[그림 6-1] 매월 저축가능금액 계산법

2) 기간별 · 목표별 적립액 쪼개기

재무목표에 따라 1~2년 안에 필요한 돈이 있고, 10~20년 후에나 필요한 돈이 있기 때문에 필요한 시기 등을 고려해 모을 금액을 나누고 알맞은 상품을 활용해 적립해 나가는 것이 좋다. 목돈마련의 목표를 종자돈 마련 · 여행비용 · 독립자금 · 노후자금 등으로 명확히 정한 후, 얼마의 기간에 어떻게 모을지 생각해 본다.

3) 알맞은 적립식 금융상품 찾기

적립식 금융상품이란 정기적으로 일정 금액을 꾸준히 저축 · 투자하여 목돈을 만들 수 있는 금융상품이다. 적금, 펀드 등 알맞은 적립식 금융상품을 고른 후, 금감원의 '금융상품 한눈에' 등의 사이트에서 여러 상품의 특성을 비교해 보자.

금융상품 한눈에

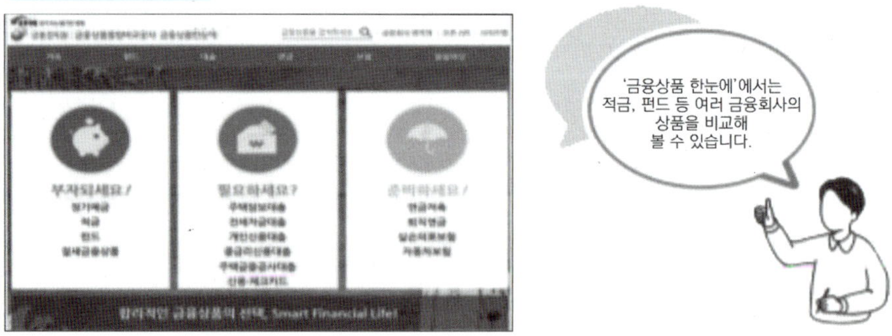

[그림 6-2] '금융상품 한눈에' 사이트(http://finlife.fss.or.kr)

[그림 6-3] 저축으로 목돈 마련하는 방법(예)

4. 투자: 목돈 굴리기

목돈을 모으는 것 만큼이나 어렵고 중요한 것이 모인 돈을 잘 관리하고 불려 나가는 것이다. 돈이 조금 모였다고 여기저기 써 버리거나 불릴 욕심에 섣불리 투자를 한다면 돈은 순식간에 사라져 버릴 수 있다. 쌓인 돈을 체계적으로 관리하기 위한 계획도 필요하다.

1) 금융자산 배분

목돈을 굴릴 때에도 결혼이나 독립자금 마련 등 재무목표와 운용기간 등을 고려하여 유동성 자금, 안정성 자금, 수익성 자금으로 나누어 관리하는 것이 좋다.

(1) 유동성 자금

유동성이란 필요할 때 언제든지 돈을 꺼내어 쓸 수 있다는 의미이다. 갑작스러운 지출, 좋은 투자처 발견, 1년 이내 지출해야 할 재무 목표 등에 대비하여 유동성 자금을 마련하는 것이 좋다. 주요 금융상품으로는 원금 손실 위험이 낮은 MMF(Money Market Fund), CMA 등을 활용할 수 있다.

(2) 안정성 자금

재무목표 발생 시점까지 돈을 안전하게 보관하는 것을 목적으로 운용기간이 다양한 여러 금융상품에 나누어서 관리하면 편리하다. 주요 금융상품으로는 정기예금이나 ELB(주가연계사채), 채권형 펀드 등을 활용할 수 있으며, 저축성보험은 10년 이상 장기자금 관리에 이용하는 것이 좋다.

(3) 수익성 자금

돈을 불리기 위해서는 수익을 낼 수 있는 투자자산을 활용해야 한다. 다만, 원금손실을 얼마나 감수할 수 있는지 본인의 위험성향과 금융 지식 등을 고려하여 투자 대상과 금액을 정해야 한다. 주요 금융상품은 펀드, 주식, ELS(주가연계증권), 변액보험 등이 있으며 위험관리를 위해 여러 상품에 분산투자하는 것이 좋다.

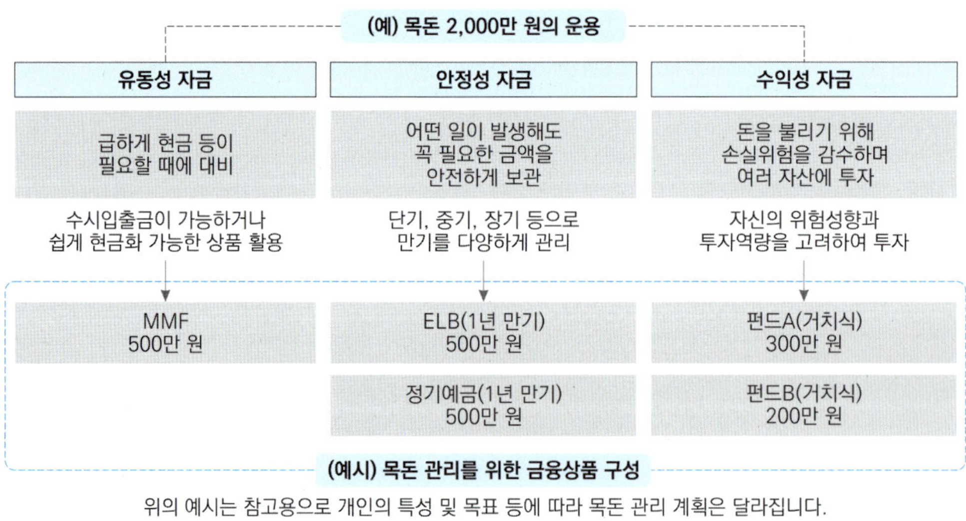

[그림 6-4] 투자를 통해 목돈 관리하는 방법(예)

2) 정기적인 자산 재배분

정기적으로 자산 현황을 파악하여 얼마나 불어났는지 등을 살피고, 투자비율이나 금융상품 변경이 필요한지 판단해 보는 것이 좋다. 가령 투자상품에서 높은 수익이 발생해 수익성 자금이 불어났을 경우, 일부 자금을 안정성 자금 등으로 옮겨 자금별 비율을 유지하는 것이 좋다.

3) 거치식 금융상품 찾기

거치식 금융상품이란 목돈을 금융상품에 한 번에 넣고, 일정기간 동안 운용하는 것으로 펀드나 정기예금 등은 앞서 목돈 모으기에서 살펴본 '금융상품 한눈에'에서, ELB나 ELS는 금융투자협회의 기타 공시 사이트에서 비교정보를 찾을 수 있다.

5. 보험으로 리스크 관리

예상하지 못한 각종 사고나 질병 등 예기치 못한 상황에 대비해 가입하는 것이 보장성 보험이다. 평소 보험료를 납부하다가 사고가 발생하거나 질병에 걸리면 약속한 보험금을 지급받을 수 있다. 이제 막 사회생활을 시작한 사회 초년생은 목돈 등 재산이 부족하기 때문에 교통사고나 질병 등으로 일을 하지 못할 경우 병원비 충당은 물론 일상생활의 유지가 힘들어질 수 있어 이에 대한 대비가 필요하다.

1) 보험료 규모 결정

보험은 중간에 계약을 해지하면 보험가입자에게 매우 불리하므로 장기간 유지하는 것이 좋다. 특히 사회 초년생의 경우, 몇 년 이내에 결혼이나 독립 등 큰 지출이 발생할 수 있는데, 이때 보험료가 부담스러운 수준이라면 보험을 해지하고 싶은 마음이 커지게 된다. 일상생활에 부담을 주지 않는 선에서 보험료 수준을 결정하고 끝까지 계약을 유지하는 것에 목표를 두는 것이 좋다.

2) 보험료 줄이는 법

(1) 보험의 우선순위 정하기

보통 가족 등을 위한 사망보험보다는 본인의 질병이나 사고 발생에 대비한 건강보험을 우선적으로 가입하며, 질병 등의 발생 시 정액을 보장하는 보험보다는 실제 의료비를 보장하는 실손보험에 가입하는 것이 좋다.

(2) 순수 보장성보험 이용하기

보장성보험이라 해도 보험회사는 중도해지 환급금이나 만기환급금을 마련하기 위한 저축기능을 부가한다. 이 부분을 최소화하여 위험보장에 주력한 상품이 순수 보장성보험이다. 중간에 계약을 해지하거나 만기에 돌려받는 돈이 없거나 매우 적을 수 있지만 보험료가 상대적으로 저렴하다.

3) 실손보험

실손보험은 보험가입자가 질병이나 상해 등으로 입원이나 통원 치료 등을 할 경우, 소비자가 실제 부담한 의료비를 보험회사가 보상해 주는 대표적인 순수 실손보장성보험상품이다. 국민건강보험에서 보장해 주지 않는 비급여항목이나 급여항목의 본인부담액 등이 주요 보장대상이다. 실손의료보험은 표준형과 선택형이 있으며, 보험료는 표준형이 상대적으로 저렴하지만 의료비 발생 시 본인부담금이 좀 더 많다. 실손의료보험의 보장내용은 보험회사별로 크게 다르지 않으나, 보험료는 꽤 차이가 있으므로 비교하고 가입하는 것이 좋고 여러 보험회사에 가입했다 하더라도 중복하여 보장되지 않는다.

4) 보험상품 찾기

'금융상품 한눈에' 또는 '보험다모아'에서 보험상품을 비교해 본다. 또 시간을 내어 두 명 이상의 보험설계사와 상담을 해 보면서 자신에게 꼭 필요한 상품인지 점검한다. 요즘은 온라인 전용 보험상품이 출시되어 저렴한 상품의 보험을 찾을 수 있다.

보험다모아(온라인 보험슈퍼마켓)

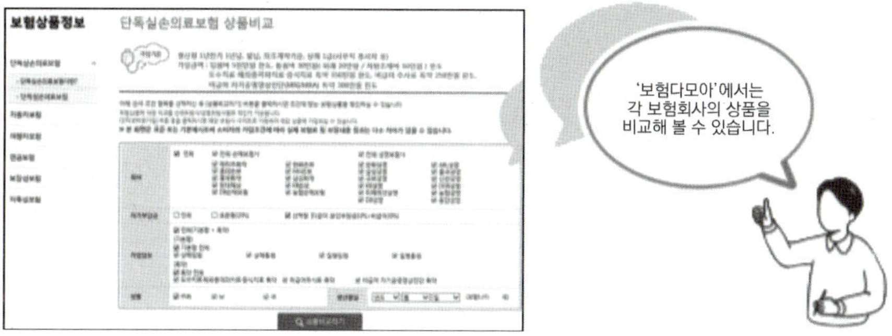

[그림 6-5] **'보험다모아' 사이트**(http://www.e-insmarket.or.kr)

6. 대출도 자산

대출이란 금융회사 등으로부터 돈을 빌리는 것을 말하지만, 미래에 언젠가 갚아야 할 돈이기 때문에 결국 미래의 나로부터 빌려 오는 것이라고 봐야 한다. 돈을 많이 빌릴수록 현재의 나는 원하는 소비를 할 수 있지만 미래의 나는 가난해질 수 있다는 것을 기억하고 현명하게 대출을 이용해야 한다.

1) 대출의 필요성

대출을 받기 전, 반드시 따져 봐야 할 것은 첫째, "정말 나에게 필요한가?"와 둘째, "내가 갚을 수 있는가?"이다. 이 두 가지 질문에 명확한 답을 가지고 있지 않다면, 대출은 되도록 하지 않는 것이 좋다.

▌대출 전, 스스로에게 질문해 보기

① "정말 나에게 필요한가?"
- 이 대출은 소비를 위한 대출인가? 자산을 불리기 위한 대출인가?
- 이 대출을 하지 않는다면 내 생활에 큰 지장이 생기는가?
- 대출 시점을 늦추거나, 돈을 좀 더 모아서 충당할 수는 없는가?

2 "내가 갚을 수 있는가?"
- 대출을 갚기 위한 돈은 어떻게 마련할 것인가?
- 매달 얼마의 돈이 필요하며, 얼마의 기간 동안 갚아야 하는가?
- 계획한 일들이 잘 풀리지 않는 상황이 발생해도 갚을 수 있는가?

2) 대출상품 찾기

꼼꼼히 점검했음에도 불구하고 꼭 필요한 대출이라면, 저렴한 금리 등 좋은 조건으로 대출을 받는 것이 중요하다. 또 세금혜택을 주는 대출도 있다. 직장인이 내 집 마련을 하면서 주택을 담보로 대출을 받는 '장기주택저당차입금'은 이자 상환액에 대해서 연말정산 시 소득공제를 적용해 준다.

'금융상품 한눈에(http://finlife.fss.or.kr)'에서 주택담보대출, 전세대출, 신용대출(일반신용대출), 마이너스대출, 중금리신용대출, 한국주택금융공사대출 등을 검색해 볼 수 있다.

3) 대출관리

(1) 부채현황표 작성

계획대로 대출을 상환해 나가기 위해서는 몇 가지 실천계획이 필요하다. 현재 갚을 돈이 얼마가 남았다는 사실을 정확히 알고 있어야 연체 발생을 막을 수 있으며, 갚으려는 의지도 다질 수 있다.

(2) 상환방법 선택

대출금을 상환할 때에는 '만기일시상환'보다는 '분할상환 + 중도상환'이 유리하다. 한꺼번에 돈을 갚는 만기일시상환보다는 매월 꾸준히 상환하는 분할 상환이 돈을 갚기가 수월하다. 또한 중간에 여유자금이 생기면 추가로 돈을 갚는 중도상환을 적절히 이용하면 생각보다 빨리 돈을 갚을 수 있다.

[표 6-1] 부채현황표(예시)

대출종류	대출회사	최초 대출금액	대출 잔액	대출 만기일	현재 대출금리	현재 연체금리	중도상환 수수료	상환 방법
전세대출	00은행	5천만 원	3천만 원	202X년	4.1%	7.1%	없음	원리금 균등
신용대출	00은행	500만 원	200만 원	201X년	6.3%3	9.3%	1.2%	만기
할부대출 (자동차 할부 등)	00캐피털	1,500만 원	800만 원	202X년	5.7%	8.7%	2%	원리금 균등

7. 금융사기 예방

최근, 부족한 금융지식이나 생활자금 부족 등 어려운 현실을 이용한 금융사기가 증가하고 있다. 또한 ICT(정보통신기술)의 발달로 PC나 모바일을 이용한 사기도 증가하는 추세이므로 금융피해를 입지 않도록 노력해야 한다.

1) 대출 관련 금융사기 예방

급하게 돈이 필요한 상황이 발생하면, 평소에 차근차근 따져 보고 금융에 대한 지식이나 의사결정을 했던 사람도 냉정을 잃고 금융사기에 취약해질 수 있다. 대출 관련 사기는 개인정보 등을 교묘히 빼내 내 명의를 악용하여 돈을 빌린 후 달아나는 형태, 대출을 빌미로 각종 수수료 등의 돈을 요구하는 형태, 불법적인 고금리 대출을 해 준 후 불법채권 추심을 하는 형태 등 다양하다.

(1) 전화나 문자 메시지를 통한 대출광고

문자 메시지 등을 통해 저금리로 대출, 무조건 3천만 원 대출 등의 광고 문구를 보내는 곳은 불법 사기업체일 확률이 높으므로 현혹되지 않도록 유의한다.

(2) 대출과 관련한 각종 금전 요구

대출과 관련하여 사전에 수수료가 드는 경우는 없다. 신용등급 변경, 중개수수료 등을 요구하는 경우 대출사기일 가능성이 높으므로 절대 돈을 송금하지 않아야 한다.

(3) 대출회사의 제도권 금융회사

대출받을 회사가 적법하게 등록한 제도권 금융회사인지 금융감독원 홈페이지에서 확인한다.

(4) 법정 최고이자율과 불법 대출

현재 대부업체 등에서 받을 수 있는 최고금리는 연 24%이다. 그 이상의 금리를 요구하는 것은 불법이니 대출계약서 등의 증거를 확보해 신고한다(신고처: 금융감독원 1332, 경찰청 112).

(5) 개인정보나 금융정보 요구

대출 권유업체 등이 주민등록번호나 신분증, 보안카드 번호, 문자 메시지 인증번호, 통장사본 등을 요구할 경우 절대 응하지 않도록 한다.

2) 정보통신기술 금융사기 예방

예전에는 전화를 이용한 보이스 피싱이 대부분이었다면 최근에는 PC나 모바일로 악성코드 등을 유포하여 금융정보 등을 빼내는 등 사기 수법이 날로 발전하고 있다.

(1) 출처가 불분명한 메일, 문자, 파일

보안 승급 요청, 각종 환급금 확인 등 출처가 불분명한 문자 등에는 악성코드가 포함되어 있을 가능성이 높으므로 각별한 주의가 필요하다.

(2) 과도한 금융정보 요구

보안카드 일련번호나 코드번호 전체를 알려 달라고 하는 등 일상적인 금융거래와 다른 정보를 요구한다면 금융사기를 의심해 봐야 한다.

“금융사기 피해가 발생했다면 112로 즉시 지급정지 요청”

혹시라도 금융사기를 당했다고 의심되면 경찰청 112나 금융회사 콜센터에 금융사기 계좌의 지급정지를 요청하고, 피해금액은 해당 금융회사를 방문하여 사기 피해금 환급을 신청해야 한다.

3) 차명 금융거래

과거에는 관행적으로 차명 거래를 하기도 했지만 2014년 11월 이후부터는 「금융실명법」이 개정되어 명의를 빌린 사람과 빌려준 사람 모두 징역과 벌금의 처벌을 받을수 있다. 특히 차명으로 통장을 개설하면 수백만 원을 준다는 보이스피싱이 있는데, 청년들은 이와 같은 거래를 조심하여야 한다.

(1) 차명 거래 탈법행위

- 보이스피싱, 불법 도박자금 등의 은닉행위에 타인 명의 계좌를 이용하는 경우
- 채권자들의 강제집행을 회피하기 위해 타인 명의 계좌에 자금을 예금하는 경우
- 증여세 납부 회피를 위해 증여세 감면 범위의 초과금액을 타인 명의 계좌에 분산하는 경우
- 금융종합소득과세 회피를 위해 타인 명의 계좌에 분산하여 입금하는 경우

(2) 차명 거래 예외

탈법 목적으로 보지 않는 거래는 차명 거래라 하더라도 규제대상에 포함되지 않는다.

- 동창회, 동호회, 계 모임 등 친목모임의 회비를 관리하기 위해 대표자(회장, 총무)의 명의로 계좌를 개설하는 경우
- 문중, 교회 등 임의단체 금융자산을 관리하기 위해 대표자(회장, 총무)의 명의로 계좌를 개설하는 경우
- 미성년자의 금융자산을 관리하기 위해 부모 명의의 계좌에 예금하는 경우

▌금융 실명제

금융 거래를 할 때 가명이나 남의 이름이 아니라 자기 이름으로만 쓰도록 한 제도이다. 1993년 8월 13일부터 '금융 실명제 실시에 관한 대통령 긴급 재정 경제 명령'으로 시행되기 시작했으며, 2014년 12월 1일부터는 다른 사람의 이름을 빌리는 차명 거래도 일절 금지함으로써 한층 강화되었다.

1993년 이전에는 금융 거래를 할 때 실제 이름을 쓰지 않아도 되었다. 가명(가짜 이름)이나 차명(남의 이름), 또는 무기명(이름을 쓰지 않음)으로 거래해도 되었던 것이다. 이로 인해 개인이나 기업이 정치가 또는 권력자에게 뇌물을 주거나, 회사 돈을 빼돌려 불법 자금을 모으거나, 부정한 방법으로 모은 재산을 숨기는 일이 빈번하게 일어났다. 이에 대한민국 정부는 부정한 거래를 법으로 막을 방법을 찾았고, 김영삼 정부 때인 1993년 긴급 명령으로 금융 실명제가 실시되었다.

금융 실명제는 모든 금융거래를 거래하는 사람의 실제 이름으로 하자는 것이다. 일반적인 은행 예금은 물론이고 주식이나 채권 등 여러 가지 금융상품을 거래할 때 자신의 실제 이름으로 하지 않으면 법에 따라 처벌을 받게 되었다. 그리고 이 제도가 시행되면서 금융거래를 할 때 돈이 어디에서 나왔는지, 어디로 어떻게 이동되었는지 드러나게 되어 부정부패 방지에 도움이 되었다. 또한 국민들의 소득을 비교적 정확하게 파악할 수 있어 세금을 거두는 일이 이전보다 편리해졌다.

part

Ⅱ

투자의 이해

chapter

07 투자 이해하기

1. 투자

금융 지식을 쌓아 가면 부자가 될 수 있을까? 그렇다. 부자들의 99%는 금융 지식에 강하다. 유홍준 교수가 쓴 책『나의 문화유산 답사기』에는 '아는 만큼 보인다'는 글이 있다. 이는 미술에 대해 안목을 갖추면 그만큼 '느끼고 보인다'는 것인데, 이를 금융과 연결해 보면 '금융 지식을 많이 쌓아야 투자수익의 기회가 많이 보인다'로 바꿔 말할 수 있다.

투자란 긍정적인 이익이 발생하길 바라며, 불확실성을 무릅쓰고 미래의 경제적 가치가 있는 곳에 투자하는 것을 말한다. 최근 전 세계적으로 코로나19와 함께 경제적 상황을 살리기 위한 저금리가 고착화되면서 낮은 수익률을 보이는 저축보다는 어느 정도 리스크를 감당하더라도 수익률을 높일 수 있는 투자에 대해 관심이 모아지고 있다. '고위험(High Risk)'이라는 말은 부정적인 느낌을 주지만 '고수익(High Return)'이라는 말은 사람들의 시선을 끌어당기는 힘이 있다. 투자를 통해 더 많은 '고수익'을 얻으려면 그에 상응하는 '고위험'을 감수해야 한다.

우리나라도 2000년대에 들어서기 전까지는 은행의 정기예금 금리가 평균 12% 전후였으나, 이후 지속적으로 하락하면서 1%대로 떨어졌다. 이러한 저금리는 저축을 통해 목돈을 모으는 것을 어렵게 하고, 모은 돈으로 노후생활을 유지하는 것을 힘들게 만든다. 이 때문에 자금운용 수익률을 조금이라도 높이기 위해 개인들은 물론 청년이나 대학생들도 투자에 관심을 기울이고 있어 '동학개미'라는 용어도 탄생하였다.

‘동학개미’는 2020년 시작된 코로나19 사태로 전 세계적인 펜데믹 현상이 발생하고 장기화됨에 따라 주식 시장에 등장한 신조어다. 이는 코로나19로 증시 폭락이 거듭되는 가운데 개인 투자자들의 대규모 매수세와 외국인 투자자들의 대규모 매도세가 맞물리는 상황을 1894년 일어난 동학농민운동에 빗댄 것이다.

이는 외국인의 매물을 힘겹게 받아 내는 개인 투자자들의 모습이 마치 반외세 운동인 동학농민운동을 보는 것 같다고 해서 붙여졌으며, 실제로 2020년 3월 들어 3월 20일까지 외국인들은 10조 원어치의 한국 주식을 매도한 반면 국내 개인 투자자(개미)들은 9조 원 가까이 사들인 것으로 나타났고, 개인 투자자들의 수익률이 외국인들의 수익률을 앞선 것으로 나타났다.

1) 투자와 투기

투자는 개인이 자산을 다양하게 운용하고 관리하기 위해 활용할 수 있는 일종의 금융적 도구이다. 개인이 자신의 상황에 맞게 적절한 상품을 합리적으로 활용할 때, 투자는 그 가치를 발현한다. 이러한 개인의 합리적인 투자 선택은 자금이 필요한 사회 곳곳에 적절히 자금을 공급하는 역할을 하므로 경제 및 사회의 발전에도 크게 기여할 수 있다.

그러나 종종 과도한 이익을 목표로 비합리적인 자금 운용을 하는 경우도 볼 수 있다. 우리는 이러한 행위를 투기라고 부르며 건전한 투자와 구별한다. 투기란 요행을 바라고 과도한 리스크를 떠안으면서 비교적 단기간에 부당한 이득을 취하려는 경우를 말하는데, 개인과 가계의 재정을 커다란 위험에 빠뜨릴 수 있을 뿐만 아니라, 우리 경제와 사회에도 큰 해악을 미칠 수 있다. 투기는 경제활동을 위한 정상적인 자금의 흐름을 방해하며, 경제 곳곳에 가격 거품을 형성하여 사회의 경제적 안정성을 해칠 수 있다. 올바른 투자자라면 개인의 자산 증식에만 몰두할 것이 아니라, 우리가 함께 살아가고 있는 사회에 어떤 영향을 미칠 수 있는지 투자의 결과까지 생각하는 것이 바람직할 것이다.

▌비트코인, 투자인가! 투기인가!

비이성적 과열이 버블(거품)을 만들고 절정에 이르면 버블이 터지면서 공황을 맞는다. 시대에 따라 투기대상만 바뀔 뿐 되풀이되는 시장실패(market failure)의 역사다. 작금 논란 속의 '21세기판 튤립' 후보는 비트코인, 이더리움이 대표하는 가상화폐다. 지금 결말을 예단키는 어렵다. 가격 폭락의 우려와 성장 지속의 기대가 팽팽하다.

제이미 다이먼(Janie Dimon) JP모건 회장 겸 최고경영자(CEO)는 최근 "튤립 버블보다 비트코인 버블이 더 심각하다"고 주장했다. "비트코인은 결국 작동하지 않을 것이며 폭발하고 말 것"이라는 경고다. 이더리움 창시자인 비탈릭 부테린(Vitalik Buterin)도 가상화폐 열풍을 '버블'로 규정했다. 지금 가상화폐 시장은 비이성적 과열이 넘실대는 투기장으로, 거품이 만들어졌을 개연성이 짙은 게 사실이다. 가상화폐가 정확히 뭔지도 모르면서 가격 급등에 현혹돼 투자에 나서는 이들이 허다하다. '묻지 마' 투자행렬은 버블의 징조다. 버블은 마냥 지속할 수 없다. 언젠가는 꺼진다.

그렇다면 가상화폐는 버블 붕괴 뒤 한낱 꽃으로 돌아간 튤립의 운명을 따를 것인가. 반드시 그렇지는 않다. 위험한 것은 언제 다시 폭락할지 모를 가격이지 가상화폐 자체는 아니기 때문이다. 금융당국 관계자도 "튤립과는 다르다. 확장성이 작지 않다"고 말했다. 차 국장도 "기존화폐를 대체하기는 어렵겠지만 가상화폐를 활용한 거래는 분명히 늘 것"이라고 말했다. 비트코인 가격에 대해 '버블'이라고 지적한 로고프(Rogoff) 교수도 "장기적으로 (블록체인) 기술은 번성하겠지만…"이라고 단서를 달았다. 가상화폐의 미래에 대한 낙관론은 여기서 나온다. 사람과 사물, 사물과 사물을 연결하는 사물인터넷(IoT) 등 4차 산업혁명시대에 그 쓰임새가 커질 것이란 전망이다. 비탈릭 부테린은 가상화폐 버블론을 펴면서도 "이더리움은 단지 화폐가 아니라 플랫폼, 산업 윤활유"라며 "가상화폐가 은행을 대체할 것"이라고까지 말했다.

출처: 세계일보(2017.10.16.).

2) 투자수익률

투자수익률이란 투자를 통해 발생하는 수익으로 아래의 식을 이용해 구할 수 있다. 먼저 매도 금액에서 매입금액을 뺀 매매차익에 투자기간 동안 발생한 현금흐름을 합산 또는 차감한다. 그런 다음 이 값을 매입금액으로 나누고 100을 곱해서 %로 환산하여 구한다.

$$\text{수익률} = \frac{\text{매도금액} - \text{매입금액} \pm \text{보유기간 중 현금흐름}}{\text{매입금액}} \times 100$$

▌투자수익률을 계산해 보자.

1. 3개월 전에 10,000원에 매입한 주식을 오늘 11,000원에 매도하고 이 주식을 보유하는 동안 500원의 배당금을 받았다면, 3개월 동안의 투자수익률은 얼마인가?
   ☞ 11,000원 − 10,000원 + 500원 = 1,500원
   10,000원을 투자해서 1,500원의 수익을 냈으므로 투자수익률은 15%이다.

2. 5개월 전에 5,000원에 매입한 주식을 오늘 10,000원에 매도하고 이 주식을 보유하는 동안 1,000원의 배당금을 받았다면, 5개월 동안의 투자수익률은 얼마인가?
   ☞ 10,000원 − 5,000원 + 1,000원 = 6,000원
   5,000원을 투자해서 6,000원의 수익을 냈으므로 투자수익률은 120%이다.

주식투자를 통해 얻을 수 있는 수익에는 자본이득과 배당금이 있다. 자본이득은 주식의 매매차익으로 주식의 가격이 변동하여 차익이 발생하는 것을 말한다. 싸게 사서 비싸게 팔면 매매차익이 발생한다. 배당금은 기업에 이익이 발생할 경우 주주에게 나누어 주는 돈으로, 주식회사는 보통 사업연도가 끝나고 결산을 한 후에 이익이 남으면 주주들에게 배당금을 분배한다.

수익은 이를 획득하기 위해 발생한 비용을 고려해야 한다. 우선 명시적 비용으로서 거래비용이 발생한다. 예를 들면, 증권거래 시 증권회사에 지급하는 거래수수료나 부동산거래에서 중개업자에게 지급하는 중개수수료 등이 거래비용에 속한다. 결국 거래비용을 제외한 나머지가 실질적인 투자수익이 되기 때문에 거래횟수가 빈번할수록 비용 대비 수익은 낮아지게 되고, 따라서 장기투자가 유리한 이유다.

또한, 저축 또는 투자를 통해 발생한 수익률에 과세가 되는 경우 세금을 제외한 나머지가 실질적인 수익이 된다. 따라서 세전(before-tax) 수익률과 세후(after-tax) 수익률을 구분할 필요가 있다.

3) 투자의 위험(Risk)

우리는 실생활에서 리스크(risk)라는 말을 자주 접하지만, 정확한 의미를 이해하지 못하고 사용하는 경우가 많다. 그 이유는 아마도 영어 'risk'에 대한 우리말 번역을

'위험'으로 표현하기 때문인 것 같다. 사실 우리말 '위험'은 부정적인 의미를 내포하며 영어로는 'danger'에 더 가깝다. 영어로는 'risk'와 'danger'가 서로 다른 의미인데 우리말에서는 둘 다 '위험'으로 번역하기 때문에 리스크의 정확한 의미가 왜곡되고 있다.

리스크(risk)란 불확실성에 노출(exposure to uncertainty)된 정도를 의미하며 부정적 상황 외에 긍정적 가능성도 내포하게 된다. 특히, 금융에서 많이 사용되는 리스크는 불확실한 미래 상황에 노출된 상태로서 미래 결과에 따라 좋을 수도 있고 나쁠 수도 있게 된다. 따라서 부정적인 결과만 있는 위험(danger)과는 구분되어야 한다.

(1) 수익률

확정된 수익률이 보장되는 저축과 달리, 투자의 경우는 앞으로 어떤 결과가 발생할지 모르는 불확실성 때문에 필연적으로 리스크가 수반된다. 리스크가 크다는 것은 투자 결과의 변동 폭이 크다는 의미로, 일반적으로 리스크가 클수록 기대수익률도 높다. 이런 투자의 특성을 'high risk high return(고수익 고위험)'이라고 한다.

기대수익률(expected return)이란 사전에 예측하는 수익률을 의미하므로, 실제 투자 결과로 발생하는 사후적 수익률, 즉 실현 수익률을 의미하지는 않는다. 따라서 리스크가 큰 투자가 높은 수익률을 보장한다고 이해해서는 절대 안 되며, 기대수익률이 높아야만 투자자들이 기꺼이 리스크를 감당하여 투자하게 된다는 의미이다.

예를 들어, 안전한 저축 대신에 주식투자를 선택하는 투자자는 저축 이자율보다는 높은 수익을 기대하고 주식투자를 선택한 것이지만, 주식투자 결과 이자율보다 높은 수익을 얻는다는 보장은 없다. 결과적으로 주식투자를 통해 큰 수익을 얻을 수도 있고 아니면 큰 손실을 입을 수도 있는 것이고, 그중 어떤 결과가 발생할지를 투자 시점에서는 알 수 없다는 것이 바로 리스크인 것이다.

그리고 투자자는 각자의 투자목적과 리스크 선호도에 따라 높은 수익을 기대하면서 리스크를 감당할 것인지 아니면 낮지만 안정적인 수익을 선택할지를 결정하면 된다. 결국, 안정성을 선호하는 경우에는 리스크가 적은 저축의 비중을 높이고, 높은 수익을 추구한다면 리스크를 떠안고 투자의 비중을 높여야 할 것이다.

기대수익률 = 무위험 수익률 + 리스크 프리미엄

(2) 위험관리

투자의 본래 속성에 리스크가 포함된다고 해서, 손실 위험에 아무런 대처를 하지 않은 채 무방비 상태로 투자를 하는 것은 아니다. 다양한 투자위험 관리 방법이 있는데, 대표적인 것이 자산배분을 통한 분산투자이다. "모든 달걀을 한 바구니에 담지 말라"는 표현으로 분산투자를 강조하는 말을 자주 듣는다. 투자에 있어서 여러 가지 자산, 즉 포트폴리오(portfolio)를 구성하여 투자할 것을 권고하는 말이다.

포트폴리오란 여러 가지의 모음을 의미하는데, 특히 금융에서는 여러 가지 자산으로 구성된 집합체를 가리킨다. 포트폴리오를 구성하게 되면 여러 금융상품이나 자산에 돈을 분산시키는 효과가 발생하여 리스크가 감소한다.

예를 들어, 우산 가게와 아이스크림 가게가 각각 있다고 하면 두 가게는 날씨에 따라 매출액의 변동성이 심하게 나타나게 된다. 즉, 각각의 가게는 변동성을 나타내는 리스크가 크게 발생하게 된다. 그러나 같은 가게에서 우산과 아이스크림을 함께 판매한다면 날씨에 따른 총 매출액의 변동 폭은 크게 감소할 것이다. 이같이 개별자산별로 보면 상당한 리스크가 있더라도 여러 가지 개별자산에 나누어 투자하게 되면 전체 리스크, 즉 포트폴리오의 리스크는 감소하게 된다.

그러나 분산투자를 한다고 해서 모든 위험의 크기가 줄어드는 것은 아니다. 투자가치에 영향을 미치는 원인에 따라 위험의 종류를 크게 체계적 위험과 비체계적 위험으로 나누기도 하는데, 체계적 위험은 분산투자를 하더라도 그 크기를 줄일 수 없다. 체계적 위험은 세계 경제위기나 천재지변, 전쟁 등과 같이 모든 자산이나 투자대상의 가치에 영향을 미치는 위험을 의미한다. 반면 비체계적 위험은 경영자의 횡령, 산업재해, 근로자의 파업 등 특정 기업이나 산업의 가치에만 고유하게 미치는 위험으로 자산을 분산함으로써 회피하거나 그 크기를 상쇄시킬 수 있다.

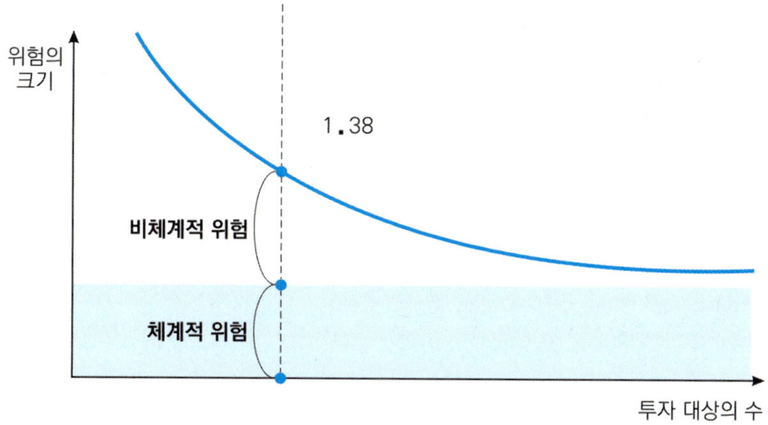

[그림 7-1] 분산투자와 위험의 관계

(3) 레버리지 효과

분산투자와 같이 투자위험을 줄이는 전략도 있지만 기대 수익률을 더욱 높이기 위해 투자위험을 오히려 늘리는 전략도 존재한다. 대표적인 것이 레버리지(leverage) 투자이다. 영어로 'leverage'란 지렛대를 의미한다. 누구나 아는 바와 같이 지렛대를 이용하면 실제 힘보다 몇 배 무거운 물건을 움직일 수 있다.

금융에서는 실제 가격변동률보다 몇 배 많은 투자수익률이 발생하는 현상을 지렛대에 비유하여 레버리지로 표현한다. 투자에 있어 가격변동률보다 몇 배 많은 투자수익률이 발생하려면, 즉 레버리지 효과가 발생하려면 투자액의 일부를 자신의 자본이 아닌 부채로 조달하여야 한다. 예를 들어, 자신의 자금 100만 원으로 10,000원인 주식을 100주 매입한 뒤 주가가 20% 상승한 12,000원에 매도하였다면 거래비용은 무시하고 자기 자금 100만 원에 대한 투자수익률은 주가변동률과 같은 20%가 될 것이다.

그러나 투자자금 100만 원 중에서 60%인 60만 원은 대출자금을 사용하였고 나머지 40만 원만 자신의 자금이라고 가정하면 투자수익률은 20%의 2.5배인 50%로 크게 높아진다. 발생한 총 수익은 20만 원으로 동일하지만 투자에 사용한 자기 자금은 40만 원밖에 안되기 때문이다(50%=20만 원/40만 원×100%). 물론 거래비용과 대출이자 등을 감안한다면 수익률이 좀 더 줄어들 것이다.

2. 주식투자

금융상품은 원금손실의 위험성에 따라 금융투자상품과 비금융 투자상품으로 구분할 수 있고, 금융투자상품에는 증권과 파생상품이 있다. 증권으로 주식, 채권, 펀드 등이 있는데, 법에서는 이를 각각 지분증권, 채무증권, 수익증권 등으로 부르고 있다. 여기서는 대표적인 직접투자상품인 주식과 채권에 대해 상세히 살펴보자.

1) 주식이란

주식이란 주식회사(법인)가 발행한 출자증권으로서 주식회사는 주주들에게 자본금 명목으로 돈을 받고 그 대가로 주식을 발행한다. 주식을 보유한 주주는 주식 보유 수에 따라 회사의 순이익과 순자산에 대한 지분청구권을 갖는데, 만약 회사에 순이익이 발생하면 '내 몫을 주시오'라고 할 수 있는 이익배당청구권이 생기며 혹시 회사가 청산한 경우에는 남은 재산 중 '내 몫을 주시오'라고 할 수 있는 잔여재산 분배청구권이 생긴다. 또 회사가 유상 또는 무상으로 신주를 발행할 경우 우선적으로 신주를 인수할 수 있는 신주인수권 등도 갖게 된다. 주주는 주주평등의 원칙에 따라 주주가 갖는 주식 수에 따라 평등하게 취급되므로 보유한 주식 지분만큼의 권리와 책임을 갖게 된다.

주식은 보통주와 우선주(preferred stock)라는 것이 있다. 우선주는 이익배당이나 잔여재산 분배에 관해 우선적 지위가 인정된다. 즉, 보통주에 앞서 우선적으로 회사 이익에 대해 배당을 받고, 회사가 청산될 경우에도 부채를 제외한 잔여재산에 대해서 보통주주보다 우선적으로 분배를 받게 된다.

한편, 주변에서 보는 모든 기업의 주식이 시장에서 거래되는 것은 아니다. 시장에서 거래되는 주식은 엄격한 심사를 거쳐서 기본적인 사업내용 및 재무상태가 우량한 기업의 주식이다.

2) 주식의 발행

(1) 주식의 발행

창업 초기의 기업은 소수의 특정인에게 주식을 발행하여 자금을 조달하게 된다. 기업이 성장하고 보다 많은 자금이 필요해지면 불특정다수인을 대상으로 주식을 모집(또는 매출)하는 최초기업공개(IPO: Initial Public Offering)를 하게 되고 거래소에 상장하게 된다. 이때부터 누구나 거래소를 통해 이 기업의 주식을 자유롭게 매매할 수 있으며, 기업은 자금이 필요해지면 유상증자를 통해 추가적으로 주식을 발행할 수 있게 된다.

(2) 유통

발행된 주식의 거래가 이루어지는 시장을 주식 유통시장(secondary market)이라고 한다. 우리나라의 주식 유통시장은 유가증권시장, 코스닥, 코넥스, 프리보드 시장 등으로 구분된다.

유가증권시장이란 한국거래소(KRX)가 개설・운영하는 시장으로서 엄격한 상장 요건을 충족하는 주식이 상장(listing)되어 거래되는 시장이다.

반면에 코스닥시장은 원래는 미국의 나스닥(NASDAQ)과 유사하게 장외거래 대상 종목으로 등록된 주식을 전자거래시스템인 코스닥(KOSDAQ: Korea Securities Dealers Automated Quotation)을 통해 매매하는 시장으로 출발하였으나, 2005년 1월 기존의 증권거래소와 코스닥시장, 선물거래소가 통합거래소 체제로 일원화되면서 지금은 또 다른 장내시장의 하나가 되었다. 다만, 유가증권시장보다는 상장 기준이 덜 엄격한 편이어서 중소기업이나 벤처기업이 많은 것이 특징이다.

코넥스(KONEX: Korea New Exchange)는 코스닥 전 단계의 주식시장으로 창업 초기의 중소기업을 위해 2013년 7월 개장했다. 코넥스는 기존 주식시장인 유가증권시장이나 코스닥에 비해 상장 문턱을 낮추고 공시 의무를 완화하여 창업 초기 중소기업의 자금조달을 위해 설립되었다.

프리보드(free board)시장은 유가증권시장, 코스닥, 코넥스에서 거래되지 못하는 비상장주식 가운데 일정 요건을 갖추어 지정된 주식의 매매를 위해 한국금융투자협회가 개설·운영하는 시장이다. 이러한 프리보드시장을 확대·개편한 장외 주식시장으로 2014년 8월 K-OTC(Korea over-the-counter)가 개설되었다.

▌주식시세표

1. 코스피지수, KRX100, 코스닥지수의 의미

코스피지수는 종합주가지수로서 1980년 1월 4일을 기준시점으로 당시의 주가수준을 100으로 하여 산정한 주가지수이다. 현재 1917.83이므로 1980년 1월 4일에 비해 19배가량 상승한 것이다. 15.40이라고 적힌 화살표는 전일보다 15.40포인트 상승한 것을 나타낸다.

KRX100(통합지수)란 코스피와 코스닥으로 나뉘어 있던 국내 우량종목 100개를 통합한 지수이며, 3887.46은 기준일인 2005년 6월 1일의 1964.43에서 2배가량 상승한 것이다. KRX100은 특정 종목에 따라 지수가 좌우되는 경향을 줄이고 시장의 흐름을 효과적으로 반영한다.

코스닥지수 747.53은 코스닥시장에 등록된 회사의 주가지수이며 1996년 7월 1일을 기준시점으로 하고 있다. 각각의 지수 옆에 있는 거래량과 거래대금은 그날 하루 동안 매입, 매도된 주식의 총 개수와 총액을 나타낸다.

2. 화살표의 의미

빨간색 ▲는 주식가격이 올랐음을, 파란색 ▼는 주식가격이 내렸음을 의미한다. 따라서 주식시세표에 빨간색 표시가 많을수록 우리나라 경제가 활발하게 잘 돌아가고 있다는 것을 의미한다. 현재 코스피지수에서 ▲406이란 주가가 올라간 주식수가 406개라는 뜻이며, ▼385는 하락한 개수를 뜻한다. 또한 주식시장에서 주식가격이 급격히 변동하는 것을 막기 위해 하루에 오르고 내릴 수 있는 주식가격의 폭을 정해 놓고 있다. 가격제한폭은 전일 종가를 기준으로 하여 30%이내이다.

3. 개별주식의 종가, 전일비, 거래량의 의미

개별주식의 종가는 시장이 종료 전 마지막으로 거래된 주식가격을 뜻한다. 전일비는 전일에 비해서 가격이 올랐거나 내린 정도, 시가는 당일 중에 처음 형성된 가격, 최저(최고)가는 당일 중에 체결되었던 가격 중에서 가장 낮은(높은) 가격을 말한다. 거래량은 당일 중에 증권시장에서 거래된 주식의 수를 말한다. 거래량은 주식시장의 판단지표로서 중요한 의미가 있다.

3) 주식의 거래

주식을 거래하기 위해서는 우선 증권회사 계좌를 개설한 다음, 영업점 방문 또는 전화를 통해 주문하거나 인터넷 등의 전자주문 매체를 이용하여 주문하면 된다. 최근에는 온라인 발달로 인해 집이나 사무실에서 컴퓨터를 이용하여 주식을 거래하는 HTS(Home Trading System)가 보편화되었고, 모바일 스마트기기를 이용하여 어디서나 주식을 거래할 수 있는 MTS(Mobile Trading System)의 보급이 점차 확대되고 있다.

[표 7-1] 거래소 주식 매매거래 시간

체결방식	시간
장 전 종가매매	08:30~08:40
동시호가	08:00~09:00, 15:20~15:30
정규시장매매	09:00~15:30
장 후 종가매매	15:30~16:00 (체결은 15:40부터, 10분간 접수)
시간 외 단일가매매	16:00~18:00 (10분 단위, 총 12회 체결)

주식거래를 하기 위해서는 증권회사에 개설한 증권계좌에 투자할 자금을 입금해야 한다. 그런 후, 증권회사 홈페이지에서 HTS(Home Trading System) 프로그램을 다운로드 받아 접속하면 다음의 그림과 같은 창이 뜬다. 매수 창에서 원하는 주식을 검색하여 투자할 수량과 가격대를 입력하고 매수를 누르면 주식을 구입할 수 있다. 반대로 매도를 원할 경우, 매도 창에서 주문하면 된다.

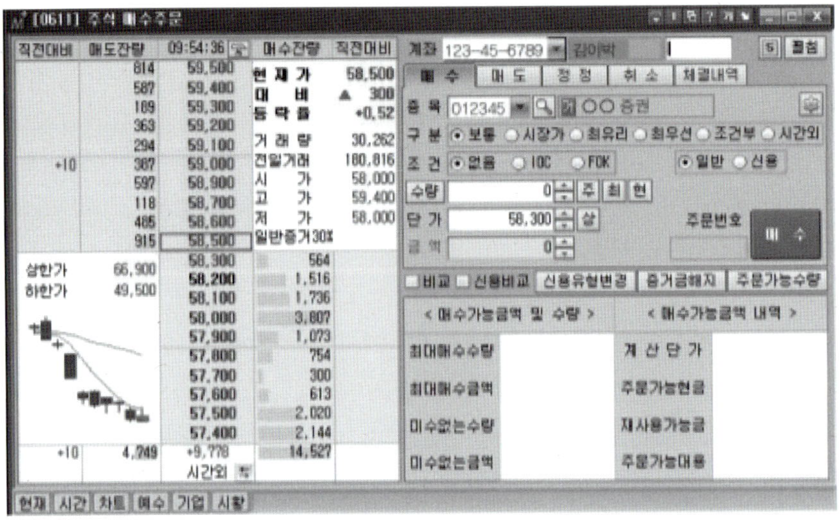

[그림 7-2] 증권사 주식거래 매매 화면

(1) 매매체결

우리나라 한국거래소의 주식 매매시간은 오전 9시부터 오후 3시30분까지이고, 매매체결방식은 가격우선 원칙과 시간우선 원칙을 적용하여 개별경쟁으로 매매거래가 체결된다. 즉, 매수주문의 경우 가장 높은 가격을, 매도부문의 경우 가장 낮은 가격을 우선적으로 체결하고, 동일한 가격의 주문 간에는 시간상 먼저 접수된 주문을 체결하게 된다.

다만, 시초가와 종가의 경우는 시간의 선후에 상관없이 일정 시간 동안 주문을 받아 제시된 가격을 모아 단일가격으로 가격이 결정되는 동시호가제도를 채택하고 있다.

(2) 주문방법

주문가격은 원하는 매수 또는 매도가격을 지정하여 주문하는 지정가 주문(limit order)과 가격을 지정하지 않고 주문시점에서 가장 유리한 가격에 우선 거래될 수 있도록 주문하는 시장가 주문(market order)이 있다. 대부분의 주식거래는 지정가 주문에 의해 이루어지고 시장가 주문은 거래량이 갑자기 증가하면서 주가가 급등하는 종목을 매수하고자 할 때 이용한다.

일반적으로 유가증권시장의 주식매매 단위는 1주이며 우리나라 주식시장은 단기간 주가 급등락으로 인한 주식시장의 불안정을 예방하고 개인투자자 보호를 위해 일일 최대가격 변동 폭을 제한하는 가격제한(price limit) 제도를 두고 있다. 이에 따라 전일 종가 대비 ±30% 이내에서 가격이 변동하여 상한가 및 하한가가 결정된다.

(3) 거래비용

주식거래에도 필연적으로 과세문제와 거래비용이 발생한다. 먼저 개인투자자의 경우 보유한 주식으로부터 배당금을 받게 되면 금융소득으로 간주하여 소득세가 과세된다. 일반적으로 개인의 모든 소득은 합산하여 과세하는 종합소득세가 원칙이나, 이자나 배당과 같은 금융소득은 연간 총액이 2,000만 원 이상인 경우에만 종합과세하고 2,000만 원 이하인 경우에는 분리과세되어 기존 소득에 상관없이 일률적으로 14%의 소득세와 1.4%의 지방소득세를 합한 15.4%의 세금이 원천징수되며 주식거래를 할 때마다 발생하는 거래세도 있다.

▌대형주, 중소형주, 가치주, 배당주

주식이나 펀드를 거래하다 보면 공식적인 기준은 아니나, 주식을 다양하게 구분하는 용어들을 만날 수 있다. 대표적인 것이 대형주와 중소형주의 구분이다. 가령 펀드의 이름에 'OO대형주펀드' 혹은 'OO중소형주펀드' 이런 식으로 들어가 있는 경우이다.

일반적으로 대형주라고 하면 시가총액이 큰 주식을 말하는데, 시가총액이란 현재의 주식의 가격과 주식의 수를 곱한 값으로 현재 기업의 가치가 얼마인지를 나타낸다고 볼 수 있다. 보통 유가증권시장에서 시가총액 순서로 1~100위의 기업의 주식을 대형주라고 한다. 대형주는 대기업의 주식일 확률이 높고 거래규모가 크므로 안정적으로 주식에 투자하고자 하는 사람들이 선호하는 주식이다.

반면, 중소형주는 시가총액이 101위 이하의 기업을 말한다. 101~300위를 중형주, 301위 이하를 소형주로 나누기도 하는데, 기업규모가 작고, 경제나 경기변동에 따라 가격의 등락 폭이 큰 경우가 많으므로 투자의 위험이 상대적으로 크지만 수익의 기회도 큰 경향이 있다.

가치주와 배당주의 구분도 자주 쓰이는데, 가치주란 현재 주식의 가격이 높진 않으나 기업의 이익이나 자산의 구조를 봤을 때, 앞으로 주식의 가격이 오를 것으로 생각되는 주식이다. 이를 흔히 저평가되었다고 말하는데, 여러 기업의 공시자료를 통해 가치주인지 아닌지 판단한다.

배당주는 기업에 이익이 발생했을 때, 이를 재투자하기보다는 주주에게 배당금의 형태로 배분하는 비율이 높은 주식이다. 주식의 매매차익을 노리기보다, 주식을 보유하면서 정기적으로 수익을 얻으려는 투자자들이 많이 주목한다.

3. 채권투자

채권은 정부, 공공기관, 특수법인 등과 주식회사의 형태를 갖춘 기업이 비교적 거액의 장기자금을 일시에 대량으로 조달하기 위하여 발행하는 일종의 차용증서다. 한국거래소에 가장 많은 종목 수를 가지고 있는 유가증권은 주식이 아니라 채권으로, 2018년 12월 말 기준 상장종목 수가 약 1만 3천 개에 달하고 금액으로는 1,721조 원에 달한다.

1) 채권투자

채권투자는 수익성, 안전성, 유동성이란 측면에서 다음과 같은 장점을 갖는다. 채권의 수익성이란 투자자가 채권을 보유함으로써 얻을 수 있는 수익으로서 이자소득과 자본소득이 있다. 이자소득은 발행 시에 정해진 이율에 따라 이자를 받는 것을 말하며, 자본소득은 채권의 유통가격이 변동되면서 발생될 수 있는 시세차익 또는 차손을 의미한다.

한편, 채권투자에는 다음과 같은 투자위험이 내재되어 있다. 첫째, 채권가격의 변화로 인해 발생하는 시장위험이 존재한다. 일반적으로 채권의 가격은 시장금리 및 발행기관의 신용 변화에 따라 변동하게 된다. 따라서 시장가격이 매입가격보다 낮아졌을 때는 자본손실의 가능성이 있다.

2) 채권의 분류

(1) 발행주체별

① 국채: 국가가 재정정책의 일환으로 발행하는 채권으로 정부가 원리금의 지급을 보증한다. 국채에는 일반재정적자를 보전하거나 재정자금의 수급조절을 위하여 발행되는 일반국채, 특정사업의 재원조달을 위한 사업국채, 국가의 보상재원을 마련하기 위한 보상채권 등이 있다.

② 지방채: 지방정부 및 지방공공기관 등이 「지방재정법」의 규정에 의거하여 특수

목적 달성에 필요한 자금을 조달하기 위해 발행하는 채권이다.

③ 특수채: 특별한 법률에 의해서 설립된 기관이 「특별법」에 의하여 발행하는 채권으로서 정부가 원리금의 지급을 보증하는 것이 일반적이다.

④ 금융채: 「특별법」에 의하여 설립된 금융회사가 발행하는 채권으로서 금융채의 발행은 특정한 금융회사의 중요한 자금조달수단의 하나이고, 조달된 자금은 주로 장기 산업자금에 사용된다.

⑤ 회사채: 상법상의 주식회사가 발행하는 채권으로서 채권자는 주주들의 배당에 우선하여 이자를 지급받게 되며 기업이 도산하거나 청산할 경우 주주들에 우선하여 기업자산에 대한 청구권을 갖는다.

(2) 상환기간별

① 단기채: 통상적으로 상환기간이 1년 이하의 채권을 단기채권이라 하고, 우리나라는 통화안정증권, 양곡기금증권, 금융채 중 일부가 여기에 속한다.

② 중기채: 상환기간이 1년 초과 5년 이하의 채권을 말한다. 우리나라는 대부분의 회사채 및 금융채가 만기 3년으로 발행되고 있다.

③ 장기채: 상환기간이 5년 초과인 채권이며 우리나라에서는 주로 국채가 만기 5년 또는 10년으로 발행되고 있다.

3) 채권시장

채권은 일반인을 상대로 발행되는 것이 아니라 전문투자자들을 상대로 발행되는 것이 일반적이다. 채권 유통시장의 투자자별 거래현황을 보면 2018년 기준 전체 채권 거래 4,737조 원 중 개인의 거래액은 7조 원으로 전체의 0.15%에 불과하다.

주식시장과 동일하게 채권시장도 발행시장과 유통시장으로 구분할 수 있다. 국가 등 발행자가 처음 채권을 발행하는 시장이 발행시장이며, 이미 발행된 채권이 거래되는 시장이 유통시장이다. 발행시장에는 일반 개인투자자의 참여는 이루어지지 않으며, 기관투자자를 중심으로 거래가 이루어진다.

chapter

08 투자상품의 이해

1. 펀드

펀드(fund)는 기금을 의미하며, '특정 목적을 위해 모은 돈이나 단체'를 뜻한다. 우리가 흔히 이야기하는 펀드는 여러 사람의 돈을 모은 후 수익이 예상되는 곳에 투자하여 돈을 벌고, 그 수익금을 나누어서 투자한 금액에 비례하여 돌려주는 금융상품을 말한다. 법적으로는 집합투자증권이라고 하는데, 예전에는 전문가가 투자자를 대신하여 주식이나 채권 등 다양한 투자상품으로 운용하는 간접투자상품으로 불리기도 하였다. 상대적으로 정보가 부족한 소액개인투자자의 경우 기관투자자와 같은 전문가그룹과 동등한 입장에서 주식이나 채권 등의 금융상품에 직접투자하는 것이 매우 어렵다. 따라서 다수의 투자자로부터 투자자금을 모아 형성한 기금, 즉 일종의 뭉칫돈을 자산운용 전문가인 펀드매니저가 여러 종류의 자산에 대신 투자해 준다.

1) 펀드의 구조

펀드를 만드는 곳은 자산운용회사이다. 어느 주식이나 채권에 얼마큼 투자를 할지, 투자전문가가 운용전략을 세워 체계적으로 관리한다. 펀드에 투자한다는 것은 투자자 입장에서 해당 펀드의 수익증권을 구입하는 것과 같은데, 수익증권을 보유한 투자자는 투자한 펀드에서 발생한 수익이나 손실을 투자한 비율대로 분배받는다.

은행, 보험사, 증권회사 등은 펀드판매회사로서 투자자에게 펀드 투자를 권유하고 투자계약을 체결하는 역할을 담당하고 있다. 수익증권을 판매한 대금, 즉 투자자금은 펀드를 설정하고 운용하는 자산운용회사로 들어가는 것이 아니라, 자산보관회사가 관리하는데, 이 때문에 만일 자산운용회사가 파산할 경우에도 펀드에 투자한 돈은 보호될 수 있다. 자산의 투자과정에서 발생하는 주식발행 및 명의개서업무, 계산업무, 준법감시 업무 등은 별도의 일반사무수탁회사에서 이루어지게 된다. 이렇게 4개의 회사가 유기적으로 연결되어 펀드는 탄생하고 운용된다.

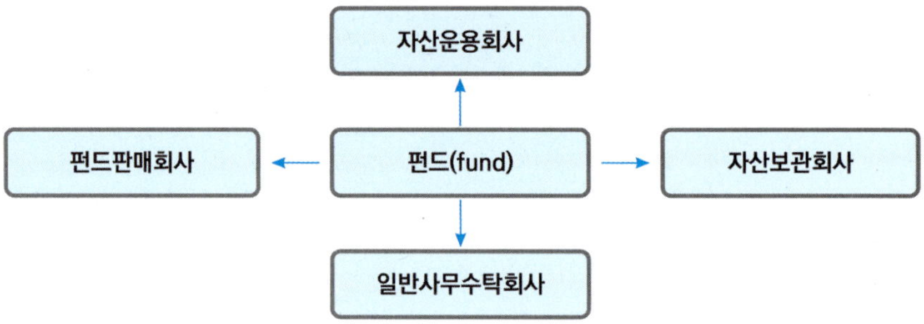

[그림 8-1] 펀드의 구조

2) 펀드투자비용

펀드와 관련된 금융회사는 펀드 투자자로부터 각종 수수료와 보수를 받는다. 수수료(commission)는 보통 한 번 지불하고 끝나는 돈을 말하며, 보수(fee)는 지속적이고 정기적으로 지급되는 돈으로 구분할 수 있지만 통상 모두 수수료라고도 한다. 바로 이러한 수수료 및 보수가 펀드 투자자 입장에서는 비용이 된다.

펀드에 모인 돈을 운용하는 대가로 자산운용회사가 받는 돈을 운용보수라고 하며, 매년 펀드 자산의 일정 비율을 보수로 떼어 간다. 펀드판매회사가 판매서비스에 대해 받는 대가에는 판매수수료와 판매보수가 있는데, 판매수수료는 펀드를 추천하고 설명해 주는 대가로 볼 수 있으며, 선취 또는 후취로 떼어 간다.

판매보수는 투자자의 펀드계좌를 지속적으로 관리해 주는 비용이며, 운용보수와 마찬가지로 펀드 자산의 일정 비율을 지급하게 된다. 그 밖에 자산보관회사가 받는 신탁보수와 일반사무수탁회사가 받는 사무수탁보수가 있으나 운용보수나 판매수수료 및 판매보수에 비하면 비용이 크지 않다.

펀드에 가입 후 3~6개월이 지나지 않았는데 펀드를 해지하면 일종의 페널티로 환매수수료가 발생한다. 펀드투자기간이 불확실하거나 너무 빨리 환매할 경우, 자산운용회사가 투자 운용전략을 수립하는 데에 애로가 생길 수 있기 때문이다.

3) 펀드투자의 장점

펀드투자의 이점은 크게 세 가지를 들 수 있다.

첫째, 소액으로 분산투자가 가능하다는 점이다.

앞서 포트폴리오 이론에서 언급한 바와 같이 분산투자를 통해 리스크를 최소화할 수 있지만, 소액으로는 대규모 자금이 소요되는 포트폴리오를 적절하게 구성할 수 없다. 그래서 다수 투자자의 자금을 모아(pooling) 운용되는 펀드에서는 분산투자가 가능하게 된다.

둘째, 펀드는 투자전문가에 의해 관리 및 운영이 되는 장점이 있다.

개인투자자의 경우는 전문가에 비해 정보의 취득이나 분석능력이 떨어질 수밖에 없고, 투자 경험도 적어 자금을 운용하는 데 어려움이 많다. 펀드는 전문가에 의해 투자되고 관리되므로 이러한 개인투자자의 한계를 극복할 수 있다.

셋째, 규모의 경제로 인한 비용절감을 들 수 있다.

펀드는 대규모로 투자되고 운용되므로 규모의 경제로 인해 거래비용과 정보취득비용이 절감될 수 있고, 명시적인 비용 외에도 각 개인이 각자의 자금을 투자하고 관리하는 데 소요되는 시간과 노력으로 인한 기회비용을 줄이는 역할도 하게 된다.

2. 펀드의 종류

펀드는 다양한 기준에 의해 분류되지만 대표적으로 중도 환매가능 여부, 투자자금의 추가 불입 가능 여부, 투자자금의 모집 대상 등에 의해 구분될 수 있다. 먼저 환매가능 여부에 따라 분류해 보면 환매가 가능한 개방형펀드와 환매가 원칙적으로 불가능한 폐쇄형펀드로 구분할 수 있고, 추가입금이 가능한 추가형펀드와 추가입금이 불가능한 단위형펀드로 구분된다. 불특정 다수인을 대상으로 모집하는 공모형펀드와 소수(49인 이하)의 투자자들로부터 자금을 모집하는 사모형펀드로도 분류된다.

[표 8-1] 펀드의 일반적 분류

기준	펀드의 종류와 유형	
환매여부	개방형펀드	• 환매가 가능한 펀드로 운용 후에도 추가로 투자자금을 모집하는 것이 가능하다.
	폐쇄형펀드	• 환매가 원칙적으로 불가능한 펀드로, 첫 모집 당시에만 자금을 모집한다. • 기간이 끝나면 전 자산을 정산해서 상환이 이루어진다.
추가불입여부	단위형펀드	• 추가입금이 불가능하고 기간이 정해져 있다.
	추가형펀드	• 수시로 추가입금이 가능하다.
자금모집방법	공모형펀드	• 불특정 다수의 투자자로부터 자금을 모집
	사모형펀드	• 49인 이하의 투자자들로부터 자금을 모집

1) 투자 대상에 의한 분류

펀드는 투자 대상이 무엇이냐에 따라 주식, 채권에 투자하는 증권펀드, 부동산에 투자하는 부동산펀드, 금·구리 같은 상품에 투자하는 실물펀드, 다른 펀드에 투자하는 재간접펀드, 선박이나 도로 등 특수자원에 투자하는 특별자산펀드 등이 있다.

또한 투자 대상인 주식 및 채권에 어떤 비율로 투자하느냐에 따라 주식형, 채권형, 혼합형으로 구분이 가능하다. 자산의 60% 이상을 주식에 투자하면 주식형 펀드, 채권에 60% 이상 투자하면 채권형 펀드로 구분된다. 각 투자 비율이 60% 미만이면 혼합형 펀드이다.

주식형 펀드는 투자하는 주식의 특성에 따라 다시 가치형펀드, 배당형펀드, 섹터형펀드, 인덱스펀드 등 무수히 나뉠 수 있다. 이는 공식적인 구분은 아니고, 펀드투자자가 해당 펀드의 특성을 쉽게 알 수 있도록 자산운용사에서 일반적으로 사용되는 주식의 유형을 이용해 펀드를 구성한 것이다. 채권형 펀드 또한 투기등급 채권에 투자하는 하이일드(정크)펀드, 단기의 안전한 채권에 주로 투자하는 MMF(Money Market Fund) 등 다양하게 분류하고 있다.

[표 8-2] 투자 대상에 의한 분류

구분	펀드	내용
주식형 (주식에 60% 이상 투자)	성장형펀드	상승유망종목을 찾아서 높은 수익을 추구하는 펀드
	가치주형펀드	시장에서 저평가되는 주식을 발굴하여 투자하는 펀드
	배당주형펀드	배당금을 많이 주는 기업에 투자하는 펀드
	섹터형펀드	업종의 대표기업에 집중투자하여 운용하는 펀드
	인덱스펀드	KOSPI200지수와 같은 지표를 따라가도록 설계한 펀드
채권형 (채권에 60% 이상 투자)	하이일드펀드	BB+ 이하인 투기등급채권과 B+이하인 기업어음에 투자하는 펀드
	회사채펀드	BBB- 이상인 우량기업의 회사채에 투자하는 펀드
	국공채펀드	국공채에 투자하는 펀드
	MMF펀드	단기금융상품, 예를 들면 양도성예금증서, 기업어음, 국공채, 환매조건부채권 등에 투자하여 시장이자율 변동이 반영되도록 한 펀드
혼합형	주식과 채권에 각각 60% 미만으로 투자한 펀드	

2) 상장지수펀드(ETF: Exchange Traded Funds)

흔히 ETF라고 불리는 상장지수펀드는 특정한 지수의 움직임에 연동해서 운용되는 인덱스펀드의 일종으로 거래소에 상장되어 실시간으로 매매된다. 지수에 연동되어 수익률이 결정된다는 점에서 인덱스펀드와 유사하지만, 증권시장에 상장되어 주식처럼 실시간으로 매매가 가능하다는 점에서 차이가 있다.

펀드의 구성은 해당 지수에 포함된 상품의 바스켓과 동일한 것이 일반적이지만, 최근에는 해당 지수보다 변동 폭을 크게 만든 레버리지 ETF나 해당 지수와 반대로 움직이면서 수익이 발생하는 인버스 ETF가 발행되기도 한다. 국내에서는 자산운용사가 자사의 브랜드를 붙여, 예를 들면 KODEX, TIGER 등의 이름으로 ETF를 발행하고 있다. 여기에 연계되는 지수는 국내 시장지수뿐 아니라 산업별 지수, 각종 테마지수 등과 해외 주요 국가의 시장지수 및 섹터지수, 그리고 상품가격지수 등이 연계되어 수없이 많은 ETF 상품이 거래소에 상장되어 실시간으로 매매되고 있다.

투자자의 입장에서는 가입 및 환매 절차와 조건이 복잡한 펀드 대신에 실시간으로 소액 매매가 가능하여 편리하다. 최근에는 ETF와 유사한 형태의 금융상품인 상장지수증권(ETN: Exchange Traded Notes)이 상장되어 활발하게 거래되고 있다.

3) 부동산투자신탁(REITs: Real Estate Investment Trusts)

흔히 리츠라고 불리는 부동산투자신탁은 투자자금을 모아 부동산 개발, 매매, 임대 및 주택저당채권(MBS) 등에 투자한 후 이익을 배당하는 금융상품이다. 리츠는 설립형태에 따라 회사형과 신탁형으로 구분된다. 회사형은 주식을 발행하여 투자자를 모으는 형태로서 증권시장에 상장하여 주식을 거래하게 된다. 신탁형은 수익증권을 발행하여 투자자를 모으는 형태로 상장이 의무가 아니다. 리츠를 이용하게 되면 소액개인 투자자라도 대규모 자금이 필요하고 거래비용 및 세금이 부담되는 부동산 투자를 전문가를 통해 간접적으로 할 수 있게 된다. 또한, 현금화가 매우 어려운 부동산 투자의 단점을 리츠 주식의 매매를 통해 해결할 수 있다는 장점이 있다.

4) 펀드 투자의 유의사항

펀드 투자 시 유의해야 할 사항으로는 다음과 같다.

첫째, 펀드는 예금자보호대상이 아닐 뿐만 아니라 투자성과에 따라 손실이 발생할 수 있으며, 때에 따라서는 전액 원금손실이 발생할 수도 있다. 각자 자신의 투자성향과 자신의 재무상태에 맞추어 투자하여야 하며 모든 투자의 책임은 본인이 감수하여야 함을 명심하여야 한다.

둘째, 펀드도 분산해서 투자하는 것이 좋다. 기본적으로 펀드는 분산투자를 원칙으로 하고 있지만, 특정 산업이나 테마에 한정된 펀드도 많이 있고, 특정 지역에 집중된 해외펀드의 경우 국가리스크가 발생할 수 있다. 따라서 펀드의 경우에도 섹터, 테마, 지역, 운용회사 등을 분산해서 투자하는 것이 바람직하다.

셋째, 펀드에 따라 수수료 및 보수 체계가 다양하고 환매 조건이 다르기 때문에 펀드에 가입하기 전에 선취 또는 후취수수료, 판매보수와 운용보수, 환매수수료 등 계약조건을 꼼꼼하게 따져 봐야 한다.

넷째, 과거 수익률을 참조하되 과신해서는 안 된다. 펀드를 선택할 때 최근 수익률이 높은 펀드를 고르는 경우가 많은데 과거 성과가 미래에도 계속 이어진다는 보장이 없고, 많은 실증 분석결과에서도 펀드의 과거 수익률과 미래 수익률은 별다른 상관관계가 없다고 보고하고 있다.

끝으로, 'high risk high return'의 원칙이 당연히 펀드 투자에도 적용된다는 점을 명심해야 한다. 즉, 기대 수익률이 높은 고수익 펀드에 투자하면 손실 가능성도 높아진다.

펀드 가입 후에도 지속적인 관리가 필요하다. 대부분의 펀드가 정기적으로 운용성과와 포트폴리오를 공개하게 되어 있는데, 펀드 투자자는 이것을 꼼꼼하게 확인할 필요가 있다. 만일 가입한 펀드의 수익률이 유사한 펀드의 수익률이나 시장수익률에 못 미치는 경우에는 일시적 또는 지속적 현상인지 알아본다.

분산투자는 적립식 상품으로

서로 다른 성격의 자산(국내, 해외 등)에 나누어 포트폴리오를 구성하는 자산분산뿐 아니라 투자시점을 나누어 분산투자하는 시간분산도 리스크 관리의 중요한 방법이 된다. 주식이나 채권처럼 단기간 내에 가격이 급등락하는 금융투자상품의 경우 적절한 투자시점을 잡기 매우 어렵다.

특히, 일반 개인투자자의 경우는 시장상황 및 기업가치에 대한 정보가 기관 투자자나 전문 투자자에 비해 크게 부족할 수밖에 없다. 이러한 정보 비대칭(information asymmetry) 상태에서 그나마 개인투자자가 이를 극복할 수 있는 방법 중 하나가 투자시점을 분산하는 것이다. 즉, 몇 개의 시점으로 나누어 금융투자상품을 매수 또는 매도를 함으로써 가격이 급등락하는 상황에서도 매수가격 또는 매도가격을 평균화(averaging)하는 것이다.

특히, 월이나 분기와 같이 일정한 기간별로 고정된 금액을 계속 투자하는 정액분할투자법(cost average method)은 재테크 방식으로 널리 활용된다. 매달 일정액을 펀드에 투자하는 적립식 펀드가 정액분할투자법을 활용하는 대표적인 예가 된다.

이 방식에 따르면, 매달 투자하는 금액은 일정하더라도 자동적으로 주가가 높은 달에는 주식을 적게, 주가가 낮은 달에는 주식을 많이 매입하는 것이 되어 평균 매입단가가 낮아지게 된다. 예를 들면, 어떤 주식을 매월 100만 원씩 매입하는데, 주가가 첫 달은 2만 원, 둘째 달은 1만 원, 셋째 달은 3만 원일 때 매입했다면 평균 매입단가가 2만 원이라고 생각하기 쉽다. 그러나 2만 원일 때는 50주, 1만 원일 때는 100주, 3만 원일 때는 33주를 사서 총 183주를 매입했기 때문에 총 투자금액 299만 원을 183주로 나눈 16,339원이 평균 매입단가가 된다.

그리고 이러한 정액분할투자를 장기적으로 하게 되면 매입가격 평균화(cost averaging) 효과에 의해 가격 변동에 비교적 적게 영향을 받고 안정적으로 투자를 할 수 있게 된다.

3. 파생상품

파생상품(derivatives)이란 기초자산의 가치 변동에 따라 가격이 결정되는 금융상품을 가리키며, 그 가치가 기초자산의 가치 변동으로부터 파생되어 결정되기 때문에 '파생상품'이란 이름이 붙여졌다. 파생상품은 다양한 형태로 존재할 수 있는데, 이 중에서도 주식, 채권, 외화 등의 금융상품 및 금, 은 등의 물품·원자재(commodity) 등을 기초자산으로 하는 선물 또는 옵션의 형태로 가장 많이 거래된다.

파생상품은 가격 외의 거래조건을 표준화하여 거래소에서 거래되는 장내파생상품(선물, 옵션)과 거래소 밖에서 비표준화되어 거래되는 장외파생상품(선도, 스왑 등)으로 구분할 수 있다. 선물과 옵션 등의 파생상품은 불확실한 미래 가격변동에서 오는 리스크를 줄이는 헤징이 본래의 목적이나, 기초자산의 미래 가격변동을 예상하고 레버리지를 이용한 투기적 목적으로도 많이 활용된다. 특히, 기존의 금융상품과 파생상품이 결합하면서 종래의 한 방향적인(uni-directional) 투자패턴에서 벗어나 다양한 형태의 금융상품 개발이 가능해졌다.

1) 선물

선물계약(futures contracts)이란 장래의 일정 시점을 인수·인도일로 하여 일정한 품질과 수량의 어떤 물품 또는 금융상품을 미리 정한 가격에 사고팔기로 약속하는 계약이다. 즉, 선물계약은 현재 시점에서 계약은 하되 물품은 장래에 인수·인도한다는 점에서, 계약과 동시에 물품을 인수·인도하는 현물계약과 대비된다.

선물계약이 어떻게 시작되었는가에 관해서는 정확히 알려진 바는 없으나 불확실한 미래를 확실한 것으로 만들고 싶은 인간의 욕구에서 자연히 생겨났다고 보는 것이 통설이다. 예를 들어, 밀을 생산하는 농부는 자기가 가을에 수확하게 될 밀의 가격이 얼마인지 모른다. 만약 농부가 밀의 가격을 알 수만 있다면 그는 자기 수입이 얼마가 될지를 알 수 있으며 이를 바탕으로 보다 합리적인 지출계획을 세울 수 있을 것이다.

밀로 빵을 만드는 제빵업자의 경우 원료가 되는 밀의 가격을 미리 알 수만 있다면 빵의 원가를 정확히 계산할 수 있고 이를 토대로 빵의 가격을 정하고 자신의 수입 또한 확정 지을 수 있게 된다. 이처럼 불확실한 미래를 확실성으로 대체하고자 하는 거래당사자 간의 욕구가 선물계약의 시초인 것이다.

(1) 선물거래

선물거래의 가장 기본적이고 중요한 역할로 가격 변동 리스크를 줄이는 헤징(hedging) 기능을 들 수 있다. 즉, 가격 변동 리스크를 회피하고 싶은 투자자(hedger)는 선물시장에서 포지션을 취함으로써 미래에 가격이 어떤 방향으로 변하더라도 수익을 일정수준에서 안정시킬 수 있게 된다. 예를 들어, 3개월 후 수출대금으로 1,000만 달러를 수취할 예정인 수출업자는 3개월 후 환율이 얼마가 되느냐에 따라 원화로 받게 될 금액이 변동한다. 즉, 환리스크가 발생하고 있다. 이때 3개월 후 달러당 1,120원에 1,000만 달러를 매도할 수 있는 선물환 계약이 가능하다면, 선물환 매도계약을 통해 3개월 환율 변동에 상관없이 112억 원의 원화 자금을 확보할 수 있게 된다.

다음으로 현물시장의 유동성 확대에 기여한다. 선물거래는 현물의 가격변동위험을 헤지할 수 있으므로 그만큼 현물의 투자위험이 감소되는 결과를 가져와 투자자들은 현물시장에서 보다 적극적으로 포지션을 취할 수 있게 된다. 이에 따라 신규투자자들이 유입될 여지가 증대되고, 특히 기관투자자의 적극적인 투자가 유도되어 현물시장의 유동성이 확대되는 효과를 가져온다.

또한, 선물거래는 장래의 가격정보를 제공하는 기능을 한다. 선물시장에서 경쟁적으로 형성되는 선물가격은 미래의 현물가격에 대한 기대값을 의미한다. 물론 선물가격이 미래의 현물가격과 꼭 일치한다는 것을 의미하지는 않지만, 미래의 현물가격을 예상할 수 있는 가격예시기능을 갖고 있다.

끝으로, 선물거래는 새로운 투자수단을 제공한다. 선물거래는 비교적 적은 비용으로 큰 금액의 거래를 할 수 있도록 되어 있다. 이 때문에 선물거래는 레버리지가 높은 새로운 투자수단을 제공한다. 그리고 선물과 현물 간 또는 선물 간의 가격 차이를 이용한 차익(arbitrage)거래나 스프레드(spread)거래와 같은 새로운 투자기회를 제공한다.

(2) 선물계약

선물계약은 거래대상이 되는 기초자산의 종류에 따라 크게 상품선물과 금융선물로 구분된다.

상품선물(commodity futures)은 기초자산이 실물상품인 선물로서 초기에는 농산물, 축산물 등에 한정되었으나 점차 확대되어 현재는 임산물, 비철금속, 귀금속, 에너지 등에 이르기까지 다양하다.

금융선물(financial futures)은 기초자산이 금융상품인 선물로서 금리에 의해 가격이 결정되는 장단기 채권을 기초자산으로 하는 금리선물(interest rate futures), 개별주식 및 주가지수를 거래대상으로 하는 주식관련선물(stock-related futures), 그리고 주요국의 통화를 대상으로 하는 통화선물(currency futures)이 있다.

2) 옵션계약

흔히 옵션계약이라고 하면 선물계약과는 전혀 별개의 개념으로 이해하기 쉬우나 실제로 옵션은 선물 개념의 연장선상에서 정의될 수 있다. 앞서 정의한 대로 선물계약은 장래의 일정시점을 인수・인도일로 하여 일정한 품질과 수량의 어떤 물품 또는 금융상품을 정한 가격에 사고팔기로 약속하는 계약이다. 이 정의는 옵션에도 그대로 적용된다. 즉, 옵션계약이란 장래의 일정시점 또는 일정기간 내에 특정 기초자산을 정한 가격에 팔거나 살 수 있는 권리를 말한다.

▌베어링스 은행의 파산과 선물 투기거래

선물 투기거래로 인해 파멸에 이른 개인이나 금융회사의 사례는 수없이 많다. 그중에서도 베어링스(Barings) 은행의 파산은 대표적인 사례로 뽑힌다. 1995년 2월 27일 영국왕실인 윈저궁의 주 거래 은행이기도 한 역사와 전통의 베어링스(Barings)사가 파산하는 사건이 일어났다. 이 배경을 살펴보면 선물거래에 있어서 레버리지 효과가 얼마나 중요한가를 알 수 있다.

싱가포르 국제통화거래소(SIMEX)에서 주가지수선물거래를 통해 1993년 베어링스 그룹 전체 이익의 20% 이상을 벌어들이는 성공을 거두었던 닉 리슨(Nick Lesson)은 1994년 말 1만 9천까지 떨어진 지수가 2만대 이상으로 오를 것으로 판단하여 Nikkei225주가지수 선물에 상당액의 매입 포지션을 취하였다.

그 이유는 당시 미국에서 고금리 정책의 기미가 보였기 때문인데, 미국의 금리가 오르면 달러가 강해지고 따라서 엔화가 상대적으로 약해지므로 엔고에 시달리고 있는 일본경제가 회복되어 Nikkei지수 또한 올라갈 것으로 판단하였기 때문이다.

그러나 1995년 새해의 Nikkei지수는 1만 8천까지 폭락했고, 이어 1월 17일 고베 대지진으로 다시 1천 포인트 이상 하락했다. 이에 리슨은 본사에 10억 달러를 긴급 지원 요청하였고 이 돈으로 70억 달러의 주가지수선물을 더 사들여 지수의 인위적인 상승을 시도했다. 그러나 곧이어 미국의 금리억제정책이 발표됨에 따라 Nikkei지수는 1만 7천대로 다시 폭락하여 13억 달러에 이르는 손실과 함께 베어링스 은행은 결국 파산하게 되었다.

(1) 옵션의 기능

1980년대 이후 옵션거래는 선진국을 중심으로 폭발적인 증가세를 보였다. 이처럼 옵션거래가 확대된 것은 금융시장에서 많은 투자자에게 옵션의 유용성이 널리 인식되고 활용되어 왔기 때문이다. 우선 옵션은 다양한 투자수단을 제공하는 데 널리 활용되고 있다. 전통적인 금융상품인 주식, 채권 등과 결합하거나 옵션 간의 결합을 통해 다양한 형태의 수익구조를 갖는 투자수단을 만드는 데 활용되고 있다. 따라서 투자자들은 각자의 위험에 대한 선호나 향후 가격변화에 대한 예상에 따라 또는 자신의 자금사정이나 투자목적에 따라 적합한 투자전략을 다양하게 구사할 수 있다.

(2) 옵션의 종류

옵션계약은 선택권의 종류, 권리행사시기, 기초자산, 거래장소 등 다양하게 구분될 수 있다.

① 선택권의 종류에 따라

- 콜옵션(call option): 기초자산을 매입할 수 있는 옵션을 말한다. 옵션보유자는 미리 정한 가격으로 기초자산을 매입할 수 있다.
- 풋옵션(put option): 기초자산을 매도할 수 있는 옵션을 말한다. 옵션보유자는 미리 정한 가격으로 기초자산을 매도할 수 있다.

② 권리행사시기에 따라

- 유럽식 옵션(European option): 옵션의 만기일에만(on expiration date) 권리를 행사할 수 있는 형태의 옵션을 지칭한다.
- 미국식 옵션(American option): 옵션의 만기일이 될 때까지(by expiration date) 언제라도 권리를 행사할 수 있는 형태의 옵션을 지칭한다.

③ 기초자산에 따라

- 주식옵션(stock option): 옵션 중 가장 흔한 형태로 개별 주식이 기초자산이 되는 옵션이다.
- 주가지수옵션(stock index option): 주가지수선물과 마찬가지로 주가지수 자체가 기초자산이 되는 옵션을 말한다.
- 통화옵션(currency option): 외국통화가 기초자산이 되는 옵션으로서 우리나라에서는 미국달러옵션이 상장되어 거래되고 있다.
- 금리옵션(interest rate option): 금리변동과 연계되는 금융상품이 기초자산이 되는 옵션으로 기간에 따라 단기, 중기, 장기로 구분된다.
- 선물옵션(options on futures): 지금까지 살펴본 옵션계약의 기초자산은 모두 현물이었던 데 반해 선물옵션은 이들 현물을 기초자산으로 하는 선물계약 자체를 기초자산으로 하는 옵션이다.

3) 주가연계증권(ELS: Equity Linked Securities)

흔히 ELS라고 불리는 주가연계증권은 파생결합증권의 일종으로, 개별 주식의 가격이나 주가지수, 섹터지수 등의 기초자산과 연계되어 미리 정해진 방법으로 투자수익이 결정되는 증권이다.

파생결합증권이란 기초자산의 가격 · 이자율 · 지표 · 단위 또는 이를 기초로 하는 지수 등의 변동과 연계하여 미리 정하여진 방법에 따라 지급금액 또는 회수금액이 결정되는 권리가 표시된 증권을 말한다. 주가연계증권은 2003년 시장에 처음 등장하였고, 초기에는 원금보장형 상품이 주류를 이루었으나, 이후 점차 다양한 구조를 가진 상품들이 출시되었다.

한편, 주가연계증권과 비슷하나 기초자산이 원유, 금 등의 상품가격, 이자율, 지표 또는 이를 기초로 하는 지수 등의 변동과 연계되어 미리 정해진 방법으로 투자수익이 결정되는 기타 파생결합증권(DLS: Derivative Linked Securities)도 발행되고 있다.

▌금보다 더 반짝반짝 … 구리 · 니켈 펀드 '수익왕'

18일 펀드평가사 KG제로인에 따르면 구리 펀드의 최근 3개월 수익률(15일 기준)이 평균 14.29%를 기록했다. 니켈 펀드의 3개월 수익률도 8.59%다. 같은 기간 금 펀드의 평균 수익률(3.66%)을 두 배 이상 앞섰다. 운용 순자산이 10억 원 이상인 주요 원자재 펀드의 평균 수익률을 지난 15일 기준으로 비교한 결과다. 6개월 펀드 평균 수익률에서도 구리(10.44%)는 금(7.79%)을 앞질렀다. 다만 니켈 펀드의 6개월 수익률은 1.58%에 그쳤다.

1년으로 비교 기간을 넓히면 '금의 굴욕'은 더 굳어진다. 금 펀드의 최근 1년 수익률은 -1.66%로 손실을 기록한 데 반해 구리 펀드는 39.18%, 니켈 펀드는 31.74%로 높은 수익률을 나타냈다. 가치에서나 외견에서나 금의 상대가 되지 않는 구리 · 니켈이다. 하지만 펀드 시장에서만큼은 금보다 더 반짝였다. 북한의 핵 실험과 미사일 발사 때마다 안전자산으로 금이 눈길을 끄는 사이 실속은 다른 금속 펀드가 챙기고 있었다. 구리 · 니켈 펀드의 수익률이 좋은 건 '당연히' 구리 · 니켈값이 올랐기 때문이다.

이런 원자재 펀드에 투자하려면 유의할 점이 많다. 주식이나 채권 펀드와는 성격이 크게 다르기 때문이다. '구리' '니켈'이란 이름이 동일하게 붙어 있다고 다 같은 펀드가 아니다. 크게 세 가지로 나뉜다. 해당 금속을 ▶바로 사서(현물) 투자하는 펀드와 ▶선물 투자하는 펀드 ▶금속을 캐거나 거래하는 회사 주식에 투자하는 펀드가 있다. 금속 펀드라고 해도 가격(인덱스)에 투자하느냐, 관련 기업에 투자하느냐에 따라 수익률이 크게 갈릴 수 있다.

위험성도 따져야 한다. 원자재 펀드의 가장 큰 특징이 심한 변동성이다. 경기나 정치 · 안보 변수는 물론 폭우 · 태풍 같은 기후에도 영향을 크게 받는다. 금과 함께 대표적인 원자재 펀드로 꼽히는 원유 펀드의 성적표를 보면 뚜렷이 드러나는 특징이다. 이날 KG제로인 통계를 보면 원유 펀드의 최근 6개월 수익률은 평균 -3.45%, 1년 수익률은 -5.93%로 변변치 않다. 최근 미국을 연이어 강타한 허리케인과 원유 생산량 감소로 유가가 상승하면서 그동안의 손실을 겨우 만회하는 중이다.

출처: 중앙일보(2017.09.19.).

chapter

09 투자에 성공하기

1. 투자의 속성

1) 투자의 위험

'투자를 한다'는 것은 '위험을 감수한다'는 뜻이다. 투자가 투자자의 희망과 바람대로 항상 좋은 성과를 낸다면 그것은 투자가 아니다. 투자는 그 속성상 투자자의 기대에 미치지 못하는 성과를 낼 수 있고, 기대한 만큼 성과를 거두는 때도 있지만 원금 손실을 입기도 한다. 이것이 바로 '투자의 위험'이다.

투자위험이란 투자자산의 가치가 들쑥날쑥 바뀌는 것을 말한다. 더 크게 들쑥날쑥할수록 투자자의 기대에서 더 자주, 더 크게 벗어날 수 있다는 것을 의미한다.

다음의 그림에서 붉은 선과 푸른 선 중, 투자위험이 더 큰 것은 무엇일까? 당연히 위아래로 투자 가치가 심하게 변동하는 붉은 선이 투자의 위험이 큰 종목이다.

결국 투자란 많은 수익을 낼 수 있지만 반대로 큰 손실을 낼 수도 있다.

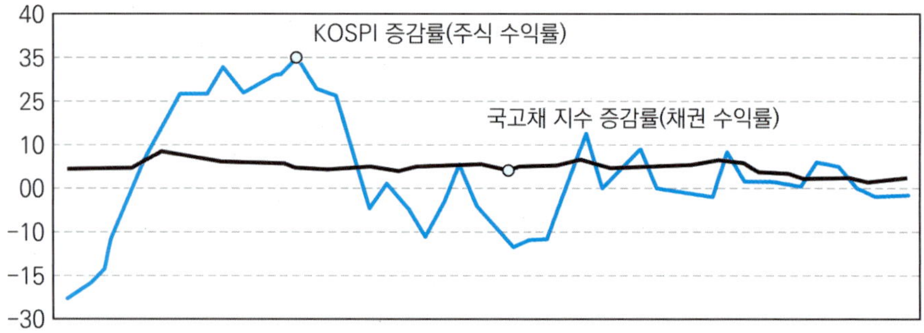

[그림 9-1] **평균 주식수익률** VS. **채권 수익률**(2010년 4월~2014년 3월)

주) KOSPI 증감율: 종합주가지수의 전년 동기 대비 증감률
국고채 지수 증감률: MFK 국고채총수익자수의 전년 동기 대비 증감률

출처: 한국은행, 한국금융투자협회.

(1) 투자상품의 투자위험도 분류

금융투자상품의 투자위험도 분류는 회사별로 차이가 있을 수 있다. 가입하고 싶은 회사의 상품분류를 파악하고 싶다면 담당 직원에게 '금융투자상품 투자위험도 분류표'를 보여달라고 요청하면 된다.

[표 9-1] **투자상품 투자위험도**

<table>
<tr><th colspan="3">구분</th><th>초고위험</th><th>고위험</th><th>중위험</th><th>저위험</th><th>초저위험</th></tr>
<tr><td rowspan="3">채권</td><td colspan="2">국내</td><td>회사채
(BB 이하)</td><td>회사채
(BBB - 이상)</td><td>회사채
(BBB0 이상)</td><td>금융채 회사채
(A - 이상)</td><td>국고채,통안채,
지방채,보증채,
특수채</td></tr>
<tr><td rowspan="2">해외</td><td>S&P, 피치</td><td>국고채 등
(B 이하)</td><td>국고채 등
(BB 이상)</td><td>국고채 등
(BBB 이상)</td><td>국고채 등
(A 이상)</td><td>국고채 등
(AA 이상)</td></tr>
<tr><td>무디스</td><td>국고채 등
(B1 이하)</td><td>국고채 등
(Ba 이상)</td><td>국고채
(Baa 이상)</td><td>국고채 등
(A 이상)</td><td>국고채 등
(Aa 이상)</td></tr>
<tr><td colspan="3">CP</td><td>B 이하</td><td>A3 - 이상</td><td>A30 이상</td><td>A2 이상</td><td></td></tr>
<tr><td rowspan="2">파생
결합
증권</td><td colspan="2">ELS, DLS</td><td colspan="2">원금비보장형</td><td>원금의 80%
이상 보장형</td><td>원금보장형</td><td></td></tr>
<tr><td colspan="2">ELW</td><td>ELW</td><td colspan="4"></td></tr>
</table>

구분		초고위험	고위험	중위험	저위험	초저위험
파생결합사채	ELB, DLB				ELB, DLB	
주식		신용거래, 투자경고종목, 투자위험종목 관리종목	주식			
집합투자증권 신탁상품/Wrap상품		파생상품 투자펀드	주식형	주식형인덱스, 적립식 (파생상품제외), 혼합형	채권형	CMA, RP, MMF
선물옵션		선물옵션				

주) 상기 분류표에 포함되지 않은 상품은 유사한 상품의 위험도를 참고하여 정함

주1) 해외채권(중개포함)

- 환해지를 미실시하는 경우 상품위험등급 1단계 상향

  ex) 미국(AAA) ┌ 환해지 실시: 초저위험

  　　　　　　　└ 환해지 미실시: 저위험

- 2개 이상 평가사의 평가가 같은 등급인 경우 그 등급, 3개 평가사의 평가가 다른 경우 제일 낮은 등급 적용

주2) ELB, DLB

- 당사 외 발행 ELB, DLB의 투자위험 등급은 회사채에 준함

2) 투자위험의 대처

투자는 투자 대상과 방법에 따라 위험의 크기가 달라진다. 어떤 투자는 가끔씩, 아주 약간 위험하지만 어떤 투자는 자주, 엄청나게 위험하다. '지금 내가 하려는 투자는 얼마만큼 위험한가?' 다른 투자자산이나 방법과 비교하여 그 크기를 가늠해 봐야 한다.

모든 투자상품은 투자위험의 크기에 따라 가장 위험한 1등급에서 가장 안전한 5등급까지 5개의 등급으로 구분한다. 따라서 투자를 할 때는 투자설명서에서 있는 '위험등급'을 확인해야 한다.

[그림 9-2] 투자의 위험등급

(1) 투자위험의 종류

투자를 할 때는 항상 어떤 위험이 있는지 여러 상황과 가능성을 고려해야 한다. 즉, 투자위험의 종류를 살펴야 한다. '만약 이런 상황이 발생한다면 내 투자자산의 가치는 어떻게 될까?' 수없이 질문하고 확인한 후 투자해야 한다.

자산가치에 영향을 주는 다양한 위험에는 여러 요인이 있다. 크게 경제 전체에 영향을 미치는 위험과 개별 자산에 영향을 미치는 위험으로 나눌 수 있다.

① 경제 전체에 영향을 미치는 위험

금리·환율·경제 정책·천재 지변·전쟁 등으로 주식이나 채권 등 어떤 투자자산을 보유하더라도 영향을 받는 위험으로, 여러 종목에 분산 투자를 하는 통상적인 위험관리 방법으로는 그 충격을 줄이기 어렵다.

② 개별 투자자산에 영향을 미치는 위험

기업의 신제품 개발, CEO의 횡령, 갑작스러운 피소, 산업재해, 근로자 파업 등 그 기업의 가치에만 고유하게 영향을 미치는 투자위험을 말한다. 다른 기업 등 여러 자산에 분산 투자를 하면 나의 전체 투자자산에 미치는 충격을 줄일 수 있다.

(2) 수익보다 위험

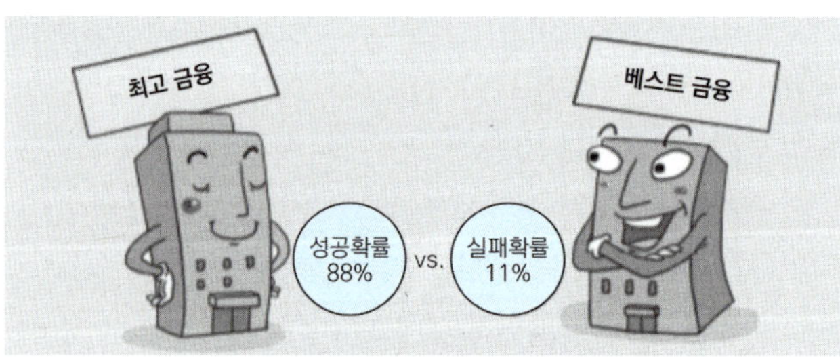

[그림 9-3] 투자, 실패와 성공 사이

출처: 금융감독원

여러분이 투자를 하려고 하는데, 각 금융회사에서 홍보하는 투자에 대한 성공 확률과 실패 확률은 다음과 같다. 다음 중 어느 금융회사에 투자하고 싶을까?

잠깐만 생각해 본다면 최고 금융의 성공 확률은 88%이지만 실패 확률은 12%로 베스트 금융의 실패 확률인 11%보다 높다는 것을 알 수 있다. 그러나 대부분의 사람들은 언뜻 보기에 성공 확률이 88%로 높은 최고 금융을 선택할 확률이 높다. 이는 동일한 것도 어떻게 접근하느냐에 따라 우리의 의사 결정이 바뀔 수 있다는 것을 말해 주는 것이다.

대부분의 사람들이 투자상품을 고를 때 '수익률'을 본다. 펀드 투자자들을 조사해 봤더니, 약 67.6%의 사람들이 펀드 선택 시 펀드 수익률이나 운용사 수익률을 가장 먼저 본다고 한다.

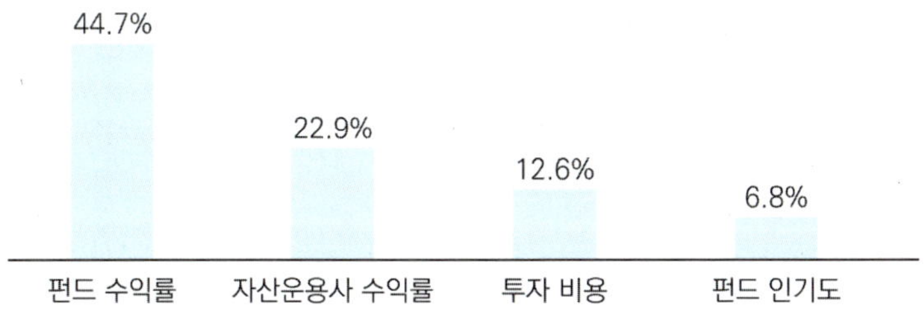

[그림 9-4] 펀드 선택 시, 가장 먼저 고려하는 것은?

혹시 금융회사가 '수익'을 먼저 제시해도 투자자는 '위험'을 먼저 보도록 노력해야 한다. 자신을 수익의 유혹에서 보호해야 하는 것이다.

(3) 수익의 속성

첫째, 기대 수익이 크면 투자위험도 크다

높은 투자 수익률을 제시하는 상품이 있다면, 거기엔 반드시 그 대가가 있다. 기대 수익률이 높아질수록 원금손실의 위험도 커지기 때문에, 높은 수익을 얻을 수도 있지만 치명적인 손실만이 투자자의 몫으로 남게 될 가능성도 있다. 따라서 수익률이 높을수록 더욱 경계해야 한다.

둘째, 수익률은 산정기준에 따라 달리 보일 수 있다.

똑같은 투자상품임에도 불구하고 수익률의 산정기간 등을 달리하면 수익률이 다르게 보일 수 있다. 최근의 높은 수익률만 강조한다면 수익률이 안 좋다가 최근에 수익률이 잠깐 좋아졌을 가능성이 있다. 3~5년, 장기 수익률만 강조한다면 몇 년 전에는 굉장히 수익률이 높았지만 그 이후엔 수익률이 변변찮을 가능성이 있다. 몇몇 사례만 뽑아서 강조한다면 전반적으로 해당 투자상품의 평균 수익률이 낮을 가능성이 있다.

"과거 수익을 보고
미래 수익을 예측하는 것은
백미러를 보고 운전하는 것과 같다."

SEC(미국 증권거래위원회)의 전 의장, 아서 래빗(Arthur Levitt)의 저서 『Take on the Street』 중에서

셋째, 우리가 확인하는 수익률은 '과거 수익률'이다.

투자자가 돈을 벌기 위해서는 자신이 투자하고 난 후의 수익률이 좋아야 한다. 과거 수익률이 좋다는 것은 과거에 운용을 잘했다는 것이지 미래에도 반드시 수익률이 좋다는 의미가 아니다. 따라서 과거 수익을 앞으로 내가 누릴 수 있는 수익으로 착각하지 말아야 한다. 과거 수익률은 투자상품을 고르는 기준의 하나로 참고만 하는 것이 바람직하다.

(4) 과도한 기대를 버려라

두 마리 토끼를 다 잡을 순 없다. 은행 및 증권회사 등에서 펀드에 투자한 사람들을 조사해 보니 대부분 안전한 투자를 원했다. 그러나 평균 기대 수익률은 연 16.5%로 상당히 높았다. 과연 실현이 가능할까!

위험 크다 ↑ / 위험 작다 ↓

• 성향별 펀드 투자자 비중

공격투자형	4.3%
적극투자형	9.1%
위험 중립형	7.7%
안정 추구형	43.6%
안정형	35.3%

• 기대 수익률별 펀드 투자자 비중

연 51% 이상	3.3%
연 31~50%	3.7%
연 26~30%	5.7%
연 21~25%	1.4%
연 16~20%	13.2%
연 11~15%	12.1%
연 6~10%	45.3%
연 1~5%	15.3%

[그림 9-5] 투자자 위험 성향과 기대 수익률

출처: 한국금융투자자보호재단(2014).

또한 실제 펀드 수익률을 살펴보니 안전한 투자를 희망하는 사람들에게 알맞은 채권형펀드의 수익률은 지난 5년간 약 연 4.04%~4.69%였다. 투자자는 선택해야 한다. '안전하게 투자하는 대신, 기대 수익을 낮추거나' '높은 수익을 추구하는 대신, 손실의 가능성을 감수'해야 한다.

〈표 9-2〉 실제 펀드 수익률

주 투자자	펀드 유형	연 평균 수익률(세전)
공격투자형	국내 성장 주식	14.20%
적극 투자형	주식혼합	10.08%
위험중립형	채권혼합	8.05%
안정추구형	채권(일반)	4.69%
안정형	채권(국공)	4.04%

주: 2014년 4월 기준, 지난 5년간 각 펀드 종류별 가중 평균 수익률(운용 기간이 5년 이상된 펀드만 조사
출처: 한국금융투자협회(2015).

우리는 어느 토끼를 잡을 것인가를 선택해야 한다. 먹을 것은 없지만 잡기 쉬운 토끼(저수익, 저위험)와 통통하지만 잡기 힘든 빠른 토끼(고수익, 고위험) 중에 말이다.

왜 투자 성공담은 흔하고 실패담은 적을까. 누가 투자로 얼마 벌었다는 이야기가 많다. 흔히 들을 수 있는 이야기라, 투자가 쉽게 느껴진다. 그러나 알고 보면 그 이야

기는 여러 사람 중 한 사람의 이야기가 돌고 도는 것일 때가 많다. 반면, 자신의 부끄러운 실패를 떠벌리는 사람은 많지 않기 때문에 실패담은 듣기 어렵다.

한국금융투자협회의 조사에 따르면 2018년에 수익을 본 투자자와 손실을 본 투자자는 거의 반반이었다. 투자로 돈을 버는 것은 생각처럼 쉽지 않다. 눈높이를 낮추자. 그리고 적절한 수익률을 목표로 투자하자. 반드시 많이 공부하고 준비해야 한다.

[표 9-3]

주식 투자자		수익을 본 투자자	손실을 본 투자자
주식투자		53.0%	47.0%
(n=943)	평균 수익률/손실률	10.1%	-15.0%
펀드투자		53.0%	47.0%
(n=835)	평균 수익률/손실률	7.2%	-10.6%

출처: 한국금융투자협회(2019).

(5) 최악의 경우도 생각하라

만약 최악의 경우가 발생하여 투자에 실패했을 때, 그로 인해 내 삶이 심각하게 흔들리게 될지 점검해 보자. 만약 그렇다면 투자 금액을 줄이거나 더 안전한 투자방법을 선택해야 한다. 최악의 투자실패에도 가계에 지장이 없도록 투자해야 한다.

절대 손실이 나면 안 되는 자금은 투자하지 말라. 전세 자금, 결혼 자금, 치료비, 노후 자금 등 쓸 용도가 정해져 있는 돈은 건드리지 말아야 한다. 일부 손실이 나도 삶에 큰 영향이 없는 '여유 자금'으로 투자해야 한다.

▌안일한 생각 버리기

'설마 내가 투자하는 동안 손실이 나겠어?'
'전에도 투자했는데 괜찮았잖아. 이번에도 별탈없겠지…'
'손실 나기 전에 잽싸게 팔아 치우자'
'직원이 괜찮다고 했어… 설마 손실 나겠어?'

혹시 마음속에 이런 생각이 조금이라도 있는지 찬찬히 살펴보자. 안일한 생각은 투자실패의 가능성을 높이는 것과 같다. 소액이라도 투자 전 반드시 가족과 상의하자. 그러면 요모조모 더 따져 보게 된다.

2. 투자의 성공

1) 투자 원칙을 지켜라

(1) 지식 투자

투자는 기본적으로 본인이 판단하여 본인이 선택하고 본인이 책임을 지는 것이다. 금융회사는 단지 도와주는 역할을 할 뿐이다. 따라서 투자에 막심한 손해가 발생해도 금융회사가 일부러 그랬거나, 엄청난 잘못을 저지르지 않은 한 왜 더 잘 도와주지 않았냐며 따지기 어렵다. 그러므로 상품에 대해 잘 알고 투자해야 한다. 이것이 지식투자다. 직원의 추천이나 권유는 참고하기만 할 뿐 스스로 판단해야 한다. 투자를 하면서 직원에게 맹목적으로 의지해서는 곤란하다.

(2) 분산 투자

한 곳에 '몰빵 투자'하면 안 된다는 사실은 모두가 잘 알고 있지만 눈앞에 매력적인 투자상품이 나타나면 더 많이 투자하고 싶은 마음을 누르지 못하고 투자자금을 해당 상품에 몽땅 밀어 넣고 싶은 생각이 든다. 하물며 신용대출이나 주식담보대출을 통해 투자하는 사람을 여럿 본다. 어떤 순간에도 원칙을 지켜야 한다. 하나의 금융상품에 인생을 걸지 마라.

(3) 장기 투자

무조건 오랫동안 투자한다고 수익이 높아지거나 손실이 줄어드는 것은 아니다. 그러나 제대로 된 상품을 골랐다면 기다릴 줄 알아야 한다. 한 조사에 의하면 대부분의 투자 수익은 상당히 짧은 기간 동안 발생했으며, 만약 그 시점을 놓치면 수익이 현저히 낮아지는 것으로 나타났다. 따라서 단기 투자를 하면 큰 수익이 나는 중요한 시점을 놓치게 될 수 있다. 장기 투자해서 타이밍을 놓치지 말자.

TIP 알고 투자하려면

투자자, 모르면서 투자하고 있지는 않나?

펀드 투자자들을 조사한 결과 최근 가입한 펀드에 대해 잘 모르는 투자자가 많았습니다. 펀드의 투자자산 구성 내역을 모르는 사람이 약 37.3%에 달했고, 자신이 투자한 펀드를 어느 회사가 운용하는지 조차 알지 못하는 투자자도 11.5%나 되었습니다.

최근 가입한 펀드, 얼마나 알고 있나요?

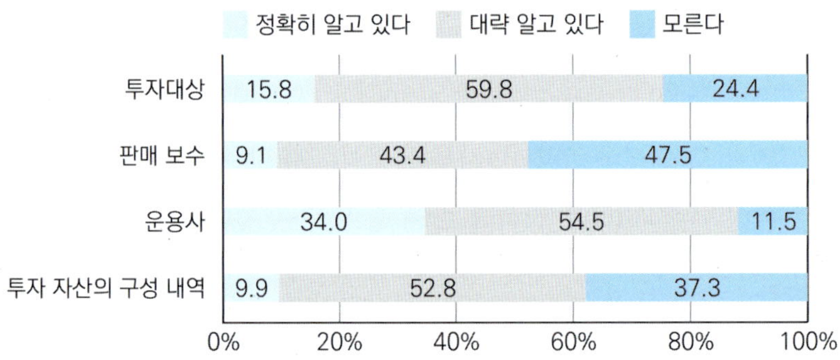

출처: 한국금융투자자보호재단(2014).

투자상품, 이해하고 있는지 살피자!

아래의 질문에 답하여 투자상품 이해 정도를 체크해 보세요.

질문) 지금 투자하려고 하는 상품을 제대로 이해했나요?

* 어떤 상황에서 손실이 발생할 수 있는지 알고 있다. 예 □ 아니요 □
* 최대 얼마나 손실이 발생할 수 있는지 알고 있다. 예 □ 아니요 □
* 주로 어디에 투자하는지 알고 있다. 예 □ 아니요 □
* 투자 수익이 어떻게 발생하는지 알고 있다. 예 □ 아니요 □
* 과거에 어떤 성과를 보였는지 알고 있다. 예 □ 아니요 □
  (투자하려는 상품 혹은 유사 상품)
* 투자 비용(수수료, 보수 등)이 얼마가 드는지 알고 있다. 예 □ 아니요 □
* 관련 금융회사의 특성을 파악하고 있다. 예 □ 아니요 □

'아니요'가 2개 이상이면 추가 설명을 듣거나 좀 더 단순하고 안전한 상품을 찾아보세요.

3. 투자의 주체

1) 나를 충분히 소개

투자의 정답은 '상품'이 아니라 '투자자'에게 있다. 많은 투자자가 '좋은 투자상품'을 찾으면서 좋은 상품에 투자하면 성과도 좋을 것이라고 생각한다. 하지만 투자에 성공하기 위해 투자자가 가장 먼저 고려해야 할 사항은 '투자자 자신'이다. 다음과 같은 질문을 통해 '투자자 자신'을 파악해 보라.

- 투자를 위한 충분한 여유 자금이 있는가?
- 어느 정도의 기간 동안 투자할 수 있는가?
- 어느 정도의 투자위험을 감수할 수 있는가?
- 복잡한 투자상품을 이해할 수 있는 투자 지식이나 경험이 있는가?

자신의 재무 상황과 선호를 고려하여 적합한 투자상품과 방식을 골라야 한다. 다음 달 전세보증금을 올려 줘야 할 돈인데 위험한 주식에 투자하거나, 소득이 일정하지 않은 사업가인데, 매달 몇 백만 원씩 적립해야 하는 상품에 가입하는 것은 바람직하지 않다. 자신에게 맞지 않게 투자할 때, 투자 피해가 발생할 확률이 높다.

그러나 투자자가 스스로 자신을 파악하는 것은 쉽지 않다. 자신의 재무 상황 등이 투자에 있어 어떤 의미를 갖는지 전문적으로 알지 못하기 때문이다. 이는 씨앗이 있어도 농부가 아니면 어떻게 싹을 틔울지 잘 모르는 것과 마찬가지다. 따라서 금융 전문가인 금융회사 등의 도움이 필요할 수 있다.

2) 투자자 정보 확인서 작성

금융회사는 투자자의 투자 목적, 재산 상황, 투자 경험 등을 확인하여 그에 알맞은 상품을 추천해 주는데, 이때 투자자가 어떤 상황에 처해 있고 원하는 것이 무엇인지를 파악하기 위한 기초 자료가 바로 '투자자 정보 확인서'다.

금융회사 직원은 '투자자 정보 확인서'에 적힌 내용을 바탕으로 투자자에게 투자상품을 권유한다. 따라서 만약 투자자가 본인의 정보를 고의로 숨기거나 왜곡하면 엉뚱한 투자상품을 추천받을 수도 있다는 사실을 명심해야 한다. 다소 항목이 많고 귀찮더라도 성실히 작성하여 나를 충분히 알리려는 자세가 필요하다.

또한 '투자자 정보 확인서' 항목에는 없으나, 투자할 때 반드시 고려하기를 희망하는 사항이 있다면 직원에게 알려야 한다. 다소 사소하다고 생각하거나 사적인 내용이라도 투자와 관련이 있다면 모두 알리는 것이 좋다.

3) 두 번 이상 상담하라

(1) 상담 시간

펀드 투자자들을 조사해 보니 펀드 가입을 위해 상담한 시간이 대부분 30분 미만이었다. 그러나 펀드 판매행태 점검을 위한 모니터링 요원들의 상담시간은 평균 51.7분에 달했다. 모니터링 요원들은 실제 펀드 가입을 하지 않기 때문에 평균 51.7분이라는 상담시간에 서류 작성 시간이 포함되어 있지 않다. 그러나 펀드 투자자들의 상담시간에는 서류 작성 시간도 포함되어 있기 때문에 이를 감안하면 펀드 투자자들의 상담시간이 현저히 짧다는 것을 알 수 있다.

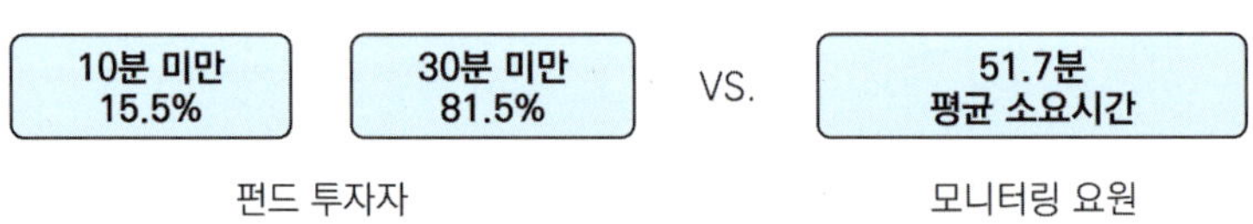

[그림 9-6] 펀드 가입 시 상담 시간

출처: 한국금융투자자보호재단(2019).

짧은 상담으로는 충분한 투자 정보를 얻을 수 없다. 투자자는 과연 투자 판단에 필요한 충분한 정보를 얻고 있을까. 투자자들은 투자 정보를 주로 '금융회사 직원의 설명'을 통해 얻는 것으로 조사되었는데 위와 같이 상담시간이 짧다면 투자자들이 투자 판단을 내리는 데 충분한 정보를 얻고 있다고 보기는 어렵다.

(2) 상담의 중요성

한 번 상담으로는 부족하다. 적어도 2회 이상 충분히 상담하며 투자 정보를 얻어야 한다. 투자상품을 이해하지 못하는 투자자 중에는 그 원인으로 본인의 투자 지식 부족을 탓하는 분들이 많다. 하지만 이는 충분히 설명을 듣지 못했기 때문일 가능성이 높다. 이러한 문제점을 해결하기 위해서는 충분한 시간을 가지고 상담해야 한다.

냉정해질 시간을 가져야 한다. 충동적으로 투자하지 않기 위해서는 한 번 상담 후 바로 상품에 가입하지 말고 다음을 기약하며 자리에서 일어나면 좋다. 금융회사 직원은 상품을 판매하는 입장이므로 금융상품의 좋은 점을 강조할 수 있기 때문에, 투자자는 금융회사 직원의 설명을 참고하여 '스스로, 그리고 냉정하게' 투자상품을 생각해 볼 필요가 있다.

여러 번 상담을 하게 되면 다른 컨디션, 다른 시간, 다른 상담 분위기에서 상담을 하게 되어 투자 판단이 달라질 수 있다. 다시 말해, 금융회사 직원이 추천한 투자상품을 좀 더 객관적으로 살펴볼 수 있다는 뜻이다. 상담시간을 아까워 해서는 안된다.

▌개인 투자 성향 자가진단표

'내 연금' 사이트(http://csa.nps.or.kr/self/in V est.do)에서 제공하는 질문을 통해 자신의 투자 성향을 미리 진단하여 어떠한 투자 성향을 가지고 있는지 확인해 보자.

[투자결정요소]
안정성과 수익률 중 무엇을 더 중요하게 여기십니까?
○ 안전성 제일 중요
○ 안전성 더 중요
○ 둘 다 중요
○ 수익률 더 중요
○ 수익률 제일 중요

[투자경험]
다음 중 고객님의 투자경험은 무엇에 해당합니까?

○ 투자경험이 전혀 없다
○ 주로 은행 예금 및 채권형 상품에 투자한다
○ 주식형 간접투자상품에 많이 투자한다
○ 직접 주식투자 비율이 높다

[의사결정의 주체]
투자의사 결정 시 외부 전문가의 의견을 얼마나 반영하십니까?
○ 거의 모든 투자 결정 시 전문가의 의견을 듣고 따른다
○ 투자 결정 시 전문가의 의견을 듣고 따르는 경우가 자주 있다
○ 투자 결정 시 전문가의 의견을 듣고 따르는 경우가 가끔 있다
○ 전문가의 의견을 참조하되 나의 의사결정을 믿는다
○ 전문가의 의견을 듣지 않고 스스로 결정한다

[투자유형별 개인성향]
손해 볼 위험성이 높을수록 기대 수익률도 높아집니다. 이런 관점에서 고객님께서는 다음 중 어떤 금융상품을 선택하시겠습니까?
○ 주식시장 수익률과 유사하거나 높은 수익
○ 주식시장 수익률보다 좀 못하지만 상당한 수익
○ 주식시장 수익률패턴을 따라하긴 하나 적절한 수익
○ 꾸준하면서 적당한 수익
○ 주식시장과 무관하게 약간의 수익

[투자유형별 개인성향]
주식시장이 정상적인 상태를 유지한다는 가정 아래 펀드 투자를 통해 고객님께서 기대하는 3년 이상 장기적인 수익패턴은?
○ 수익률과 상관없이 원금이 보장되는 상품
○ 금리는 비록 낮지만 확정금리가 보장되는 상품
○ 시장실세금리만큼 보장되는 상품
○ 소폭의 원금손실 가능성이 있는 실세금리 이상의 수익이 기대되는 상품
○ 상당한 원금손실의 위험이 있지만 고수익이 기대되는 상품

[투자손실에 대한 수용도]
3년 이상 투자할 예정으로 주식 펀드에 1천만 원을 투자했다가 3개월 만에 100만 원의 손실이 발생하고 말았습니다. 다음 중 어떤 행동을 취하시겠습니까?
○ 원금보전이 안 되는 것은 용납할 수 없으므로 즉시 환매하겠다
○ 손실이 부담이 되므로 우선 500만 원을 환매하겠다
○ 3개월 더 기다려 본 뒤 실적이 좋지 않으면 환매하겠다
○ 투자를 하다 보면 어느 정도의 손실은 있을 수 있으므로 아무 행동도 취하지 않는다
○ 좋은 기회로 보고 낮은 가격으로 더 투자한다

[투자손실에 대한 수용도]

장기적으로 수익이 예상되는 주식펀드 투자 도중에 원금 손실이 발생한다면 어느 정도까지 수용하실 수 있습니까?

○ 원금 손실이 있어서는 안 된다
○ 5% 미만 수준의 손실은 괜찮다
○ 10% 미만 수준의 손실은 괜찮다
○ 15% 미만 수준의 손실은 괜찮다
○ 수익 기회가 있으면 15% 이상의 손실도 감수할 수 있다

[목표 수익률]

고객님이 손해를 볼 수도 있는 금융상품 투자를 통해 기대하는 목표수익률은 얼마입니까?

○ 은행금리 수준(=5% 수준)
○ 은행금리보다 연 1~2% 포인트 높은 수익률(= 6~7% 수준)
○ 은행금리보다 연 3~5% 포인트 높은 수익률(= 8~10% 수준)
○ 은행금리보다 연 6~9% 포인트 높은 수익률(= 11~14% 수준)
○ 은행금리보다 연 10% 포인트 이상 높은 수익률(= 15% 수준)

chapter

10 투자의 분석과 이해

1. 투자가치 분석

주가 분석방법은 크게 2가지가 있다. 기본적 분석과 기술적 분석으로 구분한다. 기본적 분석은 기업의 본질적인 수익가치와 자산가치를 찾아낸 후 그 수치를 현 주가와 비교해 미래의 주가 흐름을 예측하는 방법이다. 과거 실적을 바탕으로 미래 실적을 예측하는 방법이다. 기술적 분석은 과거의 주가 흐름과 거래량 등을 바탕으로 주가 흐름의 패턴을 찾아내고 그 패턴을 이용해 미래의 주가 흐름을 예측하는 방법이다. 기술적 분석을 선호하는 사람은 차트를 즐겨 사용하기 때문에 일명 '차티스트'라고 불리는데, 이들은 기업의 수익가치나 자산가치보다는 과거의 주가 흐름과 거래량으로 판단한다.

1) 기본적 분석(fundamental analysis)

기본적 분석이란 시장에서 증권에 대한 수요와 공급에 의해서 결정되는 시장가격이 그 증권의 내재가치(intrinsic value)와 동일하지 않을 수 있다는 전제하에 증권의 내재가치를 중점적으로 분석하는 방법이다. 따라서 내재가치가 추정되면 이를 시장가격과 비교함으로써 과소 또는 과대평가된 증권을 발견하고, 이에 따라 매입 또는 매도 투자결정을 하여 초과수익을 추구한다. 기본적 분석은 경제분석, 산업분석, 기업분석으로 이어지는 환경적 분석과 재무제표를 중심으로 기업의 재무상태와 경영성과를 평가하는 재무적 분석이 포함된다.

2) 기술적 분석(technical analysis)

기술적 분석은 과거의 증권가격 및 거래량의 추세와 변동패턴에 관한 역사적 정보를 이용하여 미래 증권가격의 움직임을 예측하는 분석기법이다. 즉, 증권시장의 시황이 약세시장이나 강세시장으로 전환하는 시점과 시장 동향을 미리 포착하여 초과수익을 얻는 데 분석의 초점을 두고 있다. 기술적 분석은 과거 증권가격 움직임의 양상이 미래에도 반복된다고 가정하고 있고, 증권가격의 패턴을 결정짓는 증권의 수요와 공급이 이성적 요인뿐 아니라 비이성적 요인이나 심리적 요인에 의해서도 결정된다는 것을 전제하고 있다. 기술적 분석은 주로 과거 주가 흐름을 보여 주는 주가차트(chart)를 분석하여 단기적인 매매 타이밍을 잡는 방법으로 주로 이용된다.

개인투자자 입장에서는 증권분석을 통해 지속적으로 초과 수익을 얻는다는 것이 결코 쉬운 일은 아니다. 사실 성공적인 증권분석은 전문적 지식을 바탕으로 적극적인 정보 수집 및 예리한 분석능력을 갖추고 정확하게 판단하여 민첩하게 실행할 때 가능하다.

따라서 개인투자자는 증권분석을 전업으로 하는 전문가에 비해 항상 열위에 있을 수밖에 없다. 이러한 이유로 개인투자자의 경우는 직접 주식투자 대신에 전문가를 통해 위탁매매를 하거나 전문가가 대신 운용하는 펀드와 같은 간접투자상품에 투자하기로 한다.

2. 기업정보

개별 증권의 가격에 영향을 미치는 가장 중요한 요인은 기업에 대한 정보이다. 공시정보, 경영실적정보, 지배구조 및 경영권 등에 대한 기업정보는 결과적으로 주가 등에 반영되어 나타난다. 그러나 증권의 가격은 종종 시장의 수급, 경영권에 관련된 정보, 일시적인 유행 등에 따라서도 움직이게 된다.

1) 기업공시 정보

상장기업은 기업공시제도(corporate disclosure system)에 따라 자사 증권의 투자판단에 중대한 영향을 미칠 수 있는 중요한 기업 내용에 관한 정보를 반드시 공시하도록 되어 있다. 이를 통해 투자자가 기업의 실체를 정확히 파악하여 투자결정을 할 수 있도록 함으로써 증권시장 내의 정보의 불균형을 해소하고 증권거래의 공정성을 확보하여 투자자를 보호하는 기능을 하게 된다. 따라서 투자자 입장에서는 기업공시 내용이 중요한 투자정보가 되고, 공시내용의 중요성에 따라 증권의 가격에도 적지 않은 영향을 미치게 된다.

2) 경영실적 정보

아무리 경쟁력 높은 제품군을 보유하고 있고 경영능력이 뛰어난 기업이라고 하더라도 결국 실적이 뒷받침되어야만 주가는 상승하게 된다. 따라서 주식시장에서 가장 중요한 정보는 역시 기업의 실적 발표이다. 일반적으로 상장기업의 경우에는 매 분기마다 매출액, 영업이익, 당기순이익 등의 주요한 재무정보를 발표하도록 되어 있다.

이러한 실적 발표는 실제로 주가에 커다란 영향을 미치므로 증권회사의 애널리스트를 비롯한 수많은 전문가들이 사전에 주요 기업의 실적을 예측하여 발표하게 된다. 특히, 예상을 크게 상회하는 경우는 '어닝 서프라이즈(earning surprise)'라고 하여 주가가 크게 상승하고, 예상에 크게 못 미치는 경우는 '어닝 쇼크(earning shock)'라고 하며 주가는 폭락하게 된다.

3) 지배구조 및 경영권 정보

우리나라에서는 여러 기업들이 복잡한 지분 관계로 묶여 재벌을 만들고 있거나 계열회사 그룹을 형성하는 경우가 보편적인 기업의 소유지배구조이다. 기업의 주주분포와 경영권의 소재를 나타내는 소유지배구조가 기업가치에 미치는 영향에 관해서는 다양한 주장이 있어 일률적인 판단은 어렵다. 다만, 투자자의 입장에서는 자신이 투자한 기업의 가치가 해당 기업의 영업이익뿐 아니라 같은 그룹 내에 있는 계열회사의 실적과도 밀접하게 연관되게 된다. 따라서 기업가치를 평가할 때는 그 기업이 원래 영위하는 사업뿐 아니라 관계회사 및 자회사의 가치와 지분법 평가이익 또는 평가손실로 인해 수익에 미치는 영향을 함께 고려하는 것이 반드시 필요하다.

우선 기업 인수 합병(M&A)은 인수기업 및 피인수기업의 주가를 크게 움직이는 대표적인 테마이다. 특히, 적대적 M&A 시도로 인한 지분경쟁의 경우는 피인수기업의 주가가 급등하지만 실패로 끝날 경우에는 주가가 폭락할 수 있다. 또한, 대주주 사이에 경영권 분쟁이 발생하는 경우는 지분확보를 위한 경쟁으로 인해 주가가 급등하게 되나, 기업가치와 상관없이 변동한 주가는 결국은 제자리로 되돌아오거나 분쟁으로 오히려 기업가치가 훼손된다는 점에서 투자에 유의해야 한다.

4) 유행성 정보

주식시장에서는 갑자기 출현한 이슈나 재료에 따라 주가가 급등락하는 경우가 있고, 특히 비슷한 이슈를 가진 여러 종목의 주가가 동반 상승하는 '테마주'를 형성하기도 한다. 그러나 이러한 유행성 정보는 일시적 현상에 그치는 경우가 대부분이고, 많은 경우 실적이 뒷받침되지 않으면서 루머에 따라 급등락하기 때문에 투자자는 조심해야 한다.

때로는 이러한 현상이 특정 업종 전반에 널리 퍼지면서 거품(bubble)을 형성하기도 한다. 실제로 주식시장에는 수없이 많은 버블의 역사가 있었고, 이때마다 거품은 오래지 않아 꺼지면서 수많은 개인투자자들을 파멸로 몰고 갔다. 2000년도를 전후해서 전 세계 주식시장에서 인터넷 주식에 불었던 '닷컴 버블'과 첨단 기술주에 대한 'IT 버블'을 들 수 있고, 코로나19로 인한 백신, 진단키트 같은 유행성 주식의 버블도 있다.

3. 재무비율 분석

기업의 재무상태와 경영성과를 객관적으로 평가할 수 있는 가장 중요한 자료가 재무상태표와 손익계산서로 대표되는 재무제표이다. 모든 상장기업은 반드시 정기적으로 재무제표를 작성하고 회계감사를 받아 공개해야 하고, 만일 실수나 고의로 잘못된 회계정보를 제공할 경우에는 법적인 책임을 지게 된다.

이러한 재무제표를 일반인이 면밀하게 분석하는 것이 어렵기에 중요한 정보만을 정리하여 간결한 수치로 나타내서 분석하는 것을 재무비율분석이라고 한다. 대표적인 재무비율 지표로는 레버리지비율, 유동성 비율, 활동성 비율, 수익성비율 등을 들 수 있다.

1) 레버리지비율(leverage measures)

레버리지비율은 기업이 자산 또는 자기자본에 비하여 얼마만큼의 부채를 사용하고 있는가를 보여 준다. 일반적인 부채비율은 총 자산 대비 총 부채로 측정하지만, 종종 자기자본 대비 부채의 비중으로 측정되거나 언급되기도 한다. 부채의 레버리지 효과는 기업의 영업이익을 증폭시킬 수 있기 때문에 영업이익에서 이자비용 등의 금융비용을 차감한 주주의 이익, 즉 당기순이익을 높이는 데 기여할 수 있으나 당기순이익의 변동성을 크게 하여 재무리스크를 높인다.

특히, 과도하게 많은 부채는 기업의 파산 가능성을 높이게 되므로 부채비율이 과도하게 높은 주식은 투자를 피하는 것이 안전하다.

$$\text{부채비율}(\%) = \frac{\text{총 부채}}{\text{자기자본}} \times 100$$

전자공시시스템(DART: Data Analysis, Retrieval and Transfer System)

DART는 상장법인 등이 공시서류를 인터넷에 제출하면 투자자 등이 인터넷을 통해 관련 정보를 조회할 수 있도록 마련한 종합적 기업공시시스템이다. 기업의 사업내용, 재무상황, 경영실적 등 전반에 대한 정보를 담고 있는 사업보고서 등을 열람할 수 있고, 증권의 공모발행을 위한 증권신고서, 투자설명서, 증권발행실적보고서 등을 검색할 수 있어 어떤 증권들이 발행되고 있으며, 해당 증권의 특징은 무엇인지 파악할 수 있다.

전자공시시스템 홈페이지 화면

공시정보 활용마당

전자공시시스템 내에는 공시정보의 조회와 분석을 쉽게 할 수 있는 "공시정보 활용마당"이 개설되어 있는데, 2016년에 오픈한 '정보2.0 공시정보제공' 서비스의 명칭을 변경한 것이다. 이곳에서는 여러 회사의 주요 공시정보를 조회하여 비교 및 분석하거나 다운로드할 수 있고, 회사의 지배구조나 직원 수, 평균급여액 등의 다양한 정보를 담고 있는 사업보고서의 내용도 쉽게 조회가 가능하다.

2) 유동성비율(liquidity measures)

유동성비율은 기업이 부담하고 있는 단기부채를 충분하게 상환할 수 있는 능력을 살펴보는 지표로서 1년 이내에 만기가 돌아오는 유동부채 대비 현금성이 있는 유동자산의 비율로 측정한다. 다만, 유동자산에 포함되는 재고자산의 경우는 기업이 정상적인 영업 활동을 하기 위해 항상 필요한 자산이므로 이것을 제외한 나머지 유동자산, 즉 당좌자산만으로 유동성을 측정하는 당좌비율을 사용하기도 한다.

$$\text{유동비율}(\%) = \frac{\text{유동자산}}{\text{유동부채}} \times 100$$

3) 활동성비율(activity measures)

활동성비율은 기업이 보유하고 있는 자산을 기업이 얼마나 잘 활용하고 있는가를 보기 위한 지표로서 주로 총자산 대비 매출액으로 측정한 자산회전율로 측정한다. 자산회전율이 낮다면 매출이 둔화되었거나 비효율적인 자산에 투자하여 자산의 활용도가 낮다는 의미가 된다. 다만, 철강, 자동차, 조선과 같이 자본집약적 산업의 경우는 자산회전율이 낮은 경향이 있기 때문에 산업별 특성을 고려하여 지표를 평가할 필요가 있다.

$$\text{자산회전율}(\text{회}) = \frac{\text{매출액}}{\text{총자산}}$$

4) 수익성비율(earnings measures)

기업의 경영성과를 나타내며 가장 중요한 재무비율지표로 평가되는 수익성비율은 크게 매출액과 투자자본 대비 수익률로 측정한다. 먼저, 매출액 대비 수익률을 각각 당기순이익과 영업이익으로 측정한 매출액 순이익률(Ration of Net income to Sales)과

매출액 영업이익률(Ration of Operating profit to Sales)이 있는데, 당기순이익은 지분법 이익과 같이 기업 본연의 영업활동과 상관없이 발생한 영업 외 수익과 이자 비용과 같은 영업 외 비용의 영향을 받기 때문에 영업 이익만으로 측정한 매출액 영업이익률이 더 많이 사용된다.

한편, 총자산 대비 당기순이익으로 측정한 총자산이익률(ROA: Return on Asset)은 기업이 자산을 활용하여 이익을 창출하는 능력을 나타내고, 자기자본이익률(ROE: Return on Equity)은 주주의 몫인 자기자본을 얼마나 효율적으로 활용하여 이익을 창출하였는지를 보여 주는 지표로서 주주의 부를 극대화한다는 측면에서 주식시장에서 가장 중요한 재무비율 지표로 자주 인용된다. 주식에 대한 투자의 지표를 분석하는데 가장 많이 사용되기도 한다.

이와 같이 재무제표 자료는 기업에 관한 가장 중요한 정보로서 널리 활용되지만, 제무제표에 나타난 장부가치(book value)는 미래의 경제적 이익을 반영하는 주식시장의 시장가치(market value)와 괴리될 수밖에 없다. 가장 근본적인 이유로 회계정보는 과거의 결과를 정리한 것이고 주가는 미래의 가능성을 반영하고 있기 때문이다. 특히 화폐단위로 표시할 수 없는 항목, 즉 경영자의 능력, 기술개발력, 브랜드 가치와 같은 질적 정보를 고려하지 못한다는 한계를 갖고 있기 때문이다.

$$\text{매출액순이익률}(\%) = \frac{\text{당기순이익}}{\text{매출액}} \times 100$$

$$\text{매출액영업이익률}(\%) = \frac{\text{영업이익}}{\text{매출액}} \times 100$$

$$\text{총자산이익률}(\text{ROA})(\%) = \frac{\text{순이익}}{\text{총자산}} \times 100$$

$$\text{자기자본이익률}(\text{ROE})(\%) = \frac{\text{순이익}}{\text{자기자본}} \times 100$$

4. 주가배수 분석

주식투자를 위한 기본적 분석의 핵심은 기업의 가치와 현재 주가를 비교하여 주가가 기업가치에 비해 낮은 저평가 주식은 매입하고 주가가 기업가치에 비해 높은 고평가 주식은 매도하는 것이라고 할 수 있다. 그러나 주가는 언제든 시장에서 알 수 있지만 기업의 가치를 정확하게 측정한다는 것은 불가능하다. 결국 기업의 가치를 알아내기 위한 다양한 노력이 기본적 분석에 의한 성공적인 투자의 관건이 된다.

비교적 간단한 방법으로, 기업가치와 주가를 비교해서 주식투자에 활용하는 방법에는 주가이익비율과 주가장부가치비율이 있다. 즉, 기업의 가치를 각각 수익수준과 장부가치로 측정하여 현재 주가와 비교하는 방법으로 PER과 PBR을 사용하는 것이다.

1) 주가이익비율(PER: Price Earning Ratio)

주식가격을 1주당 순이익(EPS: Earning Per Stock)으로 나눈 값이며 기업이 벌어들이는 주당이익에 대해 증권시장의 투자자들이 어느 정도의 가격을 지불하고 있는가를 뜻한다. 기업의 이익 한 단위에 대한 시장의 평가를 상대적으로 보여 준다고 볼 수 있다.

주가이익비율은 기업의 본질적인 가치에 비해 주가가 고평가되어 있는지 또는 저평가되어 있는지를 판단하는 기준으로 사용된다. 주가이익비율이 상대적으로 높으면 주가가 순이익에 비해 고평가되어 있다는 것을 의미하며, 반대로 낮으면 주가가 순이익에 비해 저평가되어 있다는 것을 의미한다. 이때 비교하는 기준은 유사한 위험을 지닌 주식들의 PER을 이용하는 방법이나 동종 산업의 평균 PER을 이용하는 방법, 그리고 해당 기업의 과거 수년간의 평균 PER을 이용하는 방법 등을 사용한다.

$$PER = \frac{\text{주가}}{\text{주당순이익(EPS)}}$$

그러나 PER 계산에서 분모로 사용되는 주당순이익(EPS)은 해당 기업의 최근 실적을 의미하는 반면 분자가 되는 주가는 기업의 미래가치를 반영하여 결정되기 때문에 두 값 사이에 괴리가 발생할 수 있다. 예를 들면, 최근 실적은 좋았으나 향후 기업 전망이 좋지 못하면 PER이 낮을 수 있고, 반대로 최근 실적은 부진하지만 향후 기업의 성장 가능성이 높으면 PER이 높게 형성된다.

일반적으로 높은 성장은 기대되지 않지만 안정적인 수익을 창출하는 산업의 경우는 PER이 낮고, 현재 수익은 작지만 성장성이 높은 산업은 PER이 높게 형성되는 경향이 있다. 예를 들면, 기술집약적인 산업이나 신생 벤처기업의 경우는 시장에서 PER이 높게 형성된다. 따라서 PER의 절대적인 수준에 의해 수익 대비 주가의 고평가 또는 저평가를 판단하는 것은 바람직하지 못하다. 다만, 해당 기업의 과거 수년 동안의 평균값이나 기업이 속한 산업의 평균값과 비교하여 수익 대비 현재 주가수준을 판단하는 기준으로는 자주 사용된다.

2) 주가장부가치비율(PBR: Price Book value Ratio)

PER과 함께 주식투자에서 널리 사용되는 주가장부가치비율은 시장가치(market value)를 나타내는 주가를 장부가치(book value)를 보여 주는 주당순자산(BPS: Book-value Per Share)으로 나눈 비율로서 주당 가치를 평가함에 있어서 시장가격과 장부가치의 괴리 정도를 평가하는 지표이다.

$$PBR = \frac{\text{주가}}{\text{주당순자산(BPS)}} = \frac{\text{주당시장가격}}{\text{주당장부가치}}$$

주당순자산이란 기업 청산 시 장부상으로 주주가 가져갈 수 있는 몫을 나타내므로 PBR이 낮을수록 투자자는 낮은 가격에 주당순자산을 확보하게 된다. 그러나 앞서 언급된 바와 같이 회계원칙의 보수성으로 인해 장부상의 자산은 시장가격보다 낮은 가격으로 작성될 수밖에 없고, 경영자의 능력, 기술개발력, 브랜드 가치와 같이 화폐단위로 표시할 수 없는 항목은 순자산에 반영되지 못하고 있기에 대부분 주식의 PBR은 1보다 큰 값을 갖는 것이 일반적이다. 다만, PBR이 지나치게 높은 경우는 현재 주가가 고평가되었다고 판단할 수 있다. 그런데 미래 성장성이 큰 기업의 PBR은 높은 경향이 있으므로 PER과 마찬가지로 PBR도 해당 기업의 과거 수년 동안의 평균값이나 기업이 속한 산업의 평균값과 비교하여 자산가치 대비 현재 주가수준을 판단하는 기준으로 사용하는 것이 바람직하다.

5. 주식 선택 노하우

투자자가 직접 주식투자를 할 때 가장 범하기 쉬운 실수는 너무 많은 주식에 투자하거나 이 주식 저 주식에 손대는 것이다. 이런 방식의 투자는 주가가 조금 상승하면 매도하고, 반대로 조금 하락하면 매수하는 단기매매로 이어질 확률이 높다. 이런 식의 단기매매는 주가가 대세 상승기에 접어들면 매수 시점을 놓쳐서 큰 수익을 내지 못하고, 반대로 대세 하락기에는 매도 시점을 놓쳐서 큰 손실을 입을 수 있다.

주식투자의 대가들은 하나같이 장기 투자를 선호한다. 장기 투자를 하기 위해서는 처음부터 평생 살 집을 고르듯 주식 또한 신중하게 고르라고 충고한다. 보유하고 있는 종목은 4~5개가 적당하다. 너무 많은 종목에 신경을 쓰면 오히려 모두 놓칠 가능성이 높다. 그리고 한번 보유한 종목은 꾸준한 관심을 가져야 한다. 윌리엄 오닐(William O'Neil)이 주장한 7가지 선정방식 '캔슬림(CANSLIM)'을 기억하자.

- C: Current EPS (기업의 분기별 주당순이익 추이)
- A: Annual EPS (연간 주당순이익 추이)
- N: News (해당 기업의 새로운 뉴스)
- SL: Small & Leader (작지만 선두권에 있는가)
- I: Interest (해당 기업은 투자자들의 관심 기업인가)
- M: Market (주식시장이 강세인가)

미국의 저명한 투자전문가인 워렌 버핏(Warren Buffett)은 20년간 연평균 20%의 수익률을 달성했다. 꼼꼼하고 섬세한 내향적인 성격인 버핏은 예리한 관찰력과 집중력을 가졌다. 그는 투자 초기에 수많은 경제 서적을 읽으면서 투자를 준비했다.

주식투자, 과학적으로 접근해야 한다.

〈과제: 영화수업 - 영화 속의 금융이야기〉

○ 영화: 빅 쇼트(The big short) / 2016년

영화 '빅 쇼트(The big short)'는 2008년 미국에서 시작되어 전 세계를 휩쓴 서브프라임 모기지 사태를 배경으로 하고 있다. 1929년의 대공황 이후에 미국을 최악의 경제위기로 몰아넣은 서브프라임 모기지 사태는 방만했던 거대 금융기업들을 무너뜨리고 수백만 명의 실업자를 발생시켰다. 영화에서는 그 중심에 놓인 은행, 정부, 신용평가회사 등 행위자들의 부조리를 부각시키고 있다.

'빅 쇼트'의 의미는 주식이 하락할 것을 예상하여 매도 주문을 하는 것으로 '빅 쇼트'에서는 무너지는 미국 경제에 배팅을 한 네 명의 괴짜 천재들을 주인공으로 하고 있다. 이들은 시장의 폭락과는 반대로 적게는 엄청난 수익을 거두었는데, 영화에서는 이들을 영웅으로만 그리지는 않는다. 대신 이들이 막대한 돈을 거머쥘 수 있었던 배경인, 서로 공조하며 눈감아 준 무책임하고 부도덕했던 금융시스템과 방치된 대중의 무지를 파헤치고 있다.

〈영화 속 줄거리 정리 - 조별/개인별〉

모둠 토의

• 아래의 토의 질문은 영화 '빅 쇼트'의 내용을 바탕으로 한 것이다. 질문에 대한 자신의 생각을 먼저 정리한 후, 모둠 토의를 통해 여러 의견을 비교하여 정리해 봅시다.

질문

• 영화에서 미국의 경기 부양책으로 주택 융자 초저금리 정책이 실시되었습니다. 이것은 미국 부동산 및 증권 사장에 어떠한 영향을 주었습니까? 이후에 저금리 정책이 종료되면서 미국 경제 시장은 어떻게 변화하였습니까?

나의 생각	다른 의견

• 영화에서 2008년 서브프라임 모기지 사태와 관련하여 '은행', '신용평가회사', '투자회사'는 어떻게 행동하였습니까? 그리고 그러한 행동은 시장에 어떠한 영향을 주었습니까?

나의 생각	다른 의견

• 영화에 등장하는 미국의 금융위기에서 최종적으로 승리한 사람은 누구라고 생각합니까? 4명의 괴짜 천재들이 금융회사를 상대로 거둔 승리는 어떤 의미입니까?

나의 생각	다른 의견

〈영화 속 금융용어 정리〉

• 아래의 금융 개념은 영화 '빅 쇼트'에 등장하는 것이다. 교재와 금융감독원 홈페이지 자료, 인터넷 등을 활용하여 해당 개념의 뜻을 적어보자.

	개념	의미
1	빅 쇼트(Big short)	
2	주식	
3	펀드	
4	수익률	
5	리스크	
6	모기지론 (Moregage Loan)	
7	서브프라임 모기지론 (subprime moregage loan)	
8	주택담보대출비율 (LTV, Loan To Value ratio)	
9	닌자 대출 (NINJA, No income, No Job of Assert)	
10	공매도 (Short Selling)	
11	부채담보부증권 (CDO, Collateralized Debt Obligation)	
12	신용부도 스와프 (CDS, Credit Default Swap)	

chapter

11 투자의 피해와 예방

1. 투자위험

1) 불완전판매(mis-selling/ incomplete contract)

불완전판매란 금융상품의 기본구조 등 핵심 내용, 고객 부담 비용, 위험요인 등과 같은 필수사항에 대한 충분한 설명을 하지 않고 판매하여 고객의 이익을 해하면서 판매자의 수수료나 이익 등을 추구하는 행위를 총칭한다. 불완전판매로 인한 피해구제를 신청하는 금융소비자들이 주로 노인이나 가정주부와 같이 상대적으로 금융역량이 취약한 계층이 많아 금융소비자보호의 관점에서 매우 중요한 이슈이다.

즉, 불완전판매는 금융회사가 정보와 교섭력 등의 우위를 이용하여 이익을 취함으로써 금융소비자에게 손실을 초래하는 불건전영업행위로도 이해할 수 있다.

2) 투자상품의 위험

투자상품은 원금손실 위험이 항상 존재한다. 금융투자상품 중 주식 · 채권 · 집합투자증권 등은 투자자가 낸 원금의 범위 내에서 손실이 발생할 수 있다. 또 파생상품은 원금을 초과하는 손실(즉, 원금을 전부 내고도 추가로 금전을 내야 하는 위험)이 발생할 수도 있다.

투자상품의 위험에 대처하기 위해서는 다음 사항들을 고려해야 한다.

첫째, '수익'보다는 '위험'을 먼저 생각해야 한다.

사람들은 대개 투자상품을 고르는 기준으로 가장 먼저 '수익률'을 살펴본다. 그러나 기대수익이 높다면 기대손실도 높다는 사실을 명심해야 한다. 기대수익률이 점점 높아질수록 원금손실의 위험도 함께 커진다.

둘째, 투자에 실패할 경우를 생각해야 한다.

만약 투자에 실패해 투자한 원금을 전부 잃을 때에도 생활에 지장이 없도록 여유자금만으로 투자해야 한다. 전세자금 · 치료비 · 노후자금 · 결혼자금 등 용도가 정해진 자금으로 투자해서는 안 된다. 금융회사직원의 설명만 믿고 경솔하게 투자결정을 해서는 안 되고, 투자금액을 줄이거나 더 안전한 투자방법을 선택하는 등 신중하게 투자를 결정해야 한다.

셋째, 직원과 충분한 상담을 통해 투자정보를 얻어야 한다.

짧은 시간의 상담만으로는 복잡한 금융투자상품에 대해 충분히 이해하고 적절한 투자 판단을 내리기 어려울 수 있다. 금융회사직원의 적극적인 권유에 흔들려서 충동적으로 투자하지 않기 위해서는 한 번 상담 후 바로 투자계약을 체결하지 않고 다음 기회를 기약하면서 금융회사직원의 설명을 참고해 홀로 냉정하게 투자 여부를 생각할 필요가 있다.

넷째, 금융회사직원이 적법하게 투자권유를 하는지 살펴봐야 한다.

금융회사직원이 투자자에게 충분한 설명을 통해 정보를 제공하도록 「자본시장과 금융투자업에 관한 법률」에서는 '적합성의 원칙', '적정성의 원칙', '설명의무', '부당권유의 금지'를 규정하고 있다. '적합성의 원칙'에 따르면 금융회사 직원은 투자자의 투자성향을 확인해 부적합한 상품을 추천하지 말아야 한다. '적정성의 원칙'은 파생상품 등을 판매하는 경우에 적용되는데, 투자권유가 없더라도 투자자의 투자경험 및 투자성향 등을 파악하여 부적정 여부를 알려야 할 의무이다. '설명의무'에 의하면 금융회사 직원은 투자자에게 상품을 추천하면서 투자상품의 내용, 투자위험, 수수료, 계약의 해제 · 해지 등 중요사항을 투자자가 이해할 수 있도록 충분히 설명한 후 투자자가 이해했음을 서명 등 법에서 인정하는 방법으로 확인받아야 한다.

투자상품에 대한 투자 결과는 수익·손실 여부를 불문하고 전부 투자자에게 귀속된다. 만약 손실이 발생하더라도 금융회사가 위법 행위를 하지 않은 이상 금융회사에 책임을 물을 수 없다. 그러므로 투자자들은 앞의 내용과 같은 투자위험에 대처하는 방법을 명심하고 투자 결정을 내려야 할 것이다.

3) 불공정 거래

정상적인 증권분석 방식 대신에 불법 또는 편법으로 주가조작을 위한 시세조종이나 미공개정보를 이용한 내부자 거래, 기타 불건전한 거래 등을 통해 초과수익을 노리는 거래행위는 유혹이 있더라도 결코 빠져서는 안 된다. 우리나라 시장에서 흔히 발생하는 불공정 거래의 유형은 다음과 같다.

[표 11-1] 불공정 거래의 유형

유형	내용
시세조종 (주가조작)	• 거래가 성황을 이룬 듯이 오인케 할 목적으로 서로 짜고 거래(통정매매)하거나 스스로 매수·매도(가장매매)하는 행위 • 고가주문, 허수주문 등을 통해 주가를 인위적으로 변동시키는 행위 • 허위 또는 과장 공지
미공개정보 이용 (내부자 거래)	• 기업의 중요 정보가 공개되기 전에 회사 내부자가 매매에 이용하거나 타인에게 이용하게 하는 행위
불건전 거래행위	• 고객의 주문정보 이용, 종목추천 전 매매, 위법일임매매, 과도한 투기적 거래, 고객의 위법주문의 수탁행위 등 증권·선물회사 임·직원의 규정 위반 행위
기타	• 임원, 주요 주주 및 대량보유자(5%)의 주식의 소유 및 변동 보고의무 위반

4) 손실과 손해

투자를 하면 '수익'을 얻을 수도 있고 '손실'을 볼 수도 있다. '손실'이란 투자의 본질적 속성에 의한 마이너스(-) 수익이고 현재 평가액이 투자 원금보다 줄어들 수 있다. 그러나 금융회사의 불법적인 행동으로 투자한 돈을 날리는 경우도 있다. 금융회사가 법을 어기고 결함이 있는 금융상품이나 서비스를 제공하여 재산상의 '손해'

가 발생하는 경우이다. 이를 '투자 피해' 또는 '투자 손해'라고 한다.

투자 손실은 본인의 투자 선택으로 발생한 결과이므로 누구를 원망하거나 따질 수 없다. 그러나 금융회사의 불법으로 손해가 발생했다면 반드시 이를 따져 배상을 받아야 한다. 종종 '손해'를 입고도 걱정만 하며 금융회사에 손해배상을 청구하지 않는 투자자가 있는데 이는 금융회사의 어떤 행동이 불법인지를 모르기 때문이다.

5) 손해의 대처

종종 '투자 피해'를 입고도 끙끙 가슴앓이만 하며 금융회사에 손해배상을 청구하지 않는 투자자가 있다. 금융회사의 어떤 행동이 불법인지를 모르기 때문이다. 투자 관련 법률에서는 투자자 보호를 위해 금융회사에 '반드시 이렇게 해라' 혹은 '이렇게 하지 마라'라고 정해 놓았다. 만약 금융회사가 이를 지키지 않으면 '불법'을 저지르는 것이 된다.

투자자는 금융회사가 투자자를 위해 반드시 해야 할 행동과 하지 말아야 할 행동을 알아 두어야 한다. 그래야 투자 피해를 예방할 수 있고 실제 피해가 발생했을 때 대처할 수 있다. 금융회사가 지켜야 할 의무 사항은 금융 거래의 상대방인 투자자에게는 권리가 되므로, 금융회사가 의무를 위반하면 투자자의 권리를 침해하는 것이 된다.

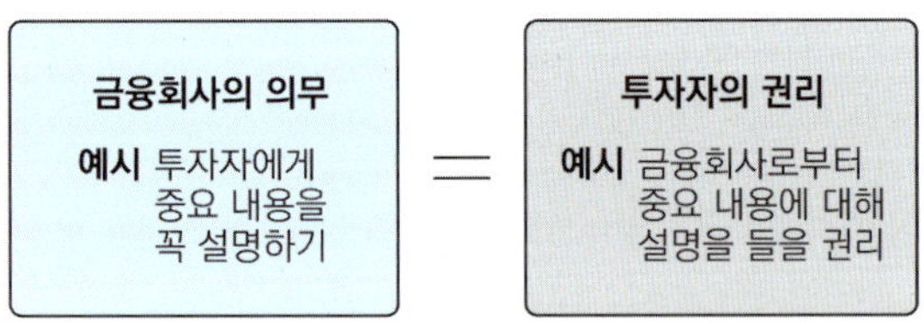

[그림 11-1] 금융회사의 의무가 곧 투자자의 권리

2. 투자자 보호 원칙

금융회사는 투자자에게 신의성실하고 공정하게 서비스를 제공해야 하며, 정당한 이유 없이 투자자의 이익을 해하면서 자신이나 다른 사람이 이익을 얻도록 하면 안 된다.

1) 적합성의 원칙

금융회사는 투자자의 투자 목적, 재산 상황, 투자 경험 등을 확인하여 이에 부적합한 상품을 권유해서는 안 된다. 가령 안전하게 투자하고 싶은 사람에게 투자위험이 큰 '주식' 투자를 권유하는 것은 불법이다. 최고로 적합한 상품을 추천받을 권리가 아니라, 부적합한 상품의 권유를 받지 않을 권리가 투자자에게 있다.

2) 적정성의 원칙

금융회사가 추천하지 않았음에도 투자자 스스로 투자위험이 큰 파생상품 등에 투자하고자 할 경우, 금융회사는 투자자의 성향을 파악하지 않은 채 판매하면 안 된다. 반드시 투자자의 투자 목적, 재산 상황, 투자 경험 등을 살펴서 투자해도 괜찮은지 살펴본 후, 그 결과를 알려 주어야 한다.

3) 설명의무 원칙

금융회사는 투자자에게 상품을 추천할 때 투자상품의 특성, 위험, 투자 비용, 계약 조건 등 투자자가 알아야 할 중요 사항을 충분히 설명해야 한다. 내용을 왜곡하거나 과장 혹은 누락하지 말아야 하며 투자자가 투자상품에 대해 오해할 소지가 없도록 상품의 내용을 명확히 전달해야 한다.

4) 부당 권유 금지

금융회사는 투자자에게 상품을 추천할 때 거짓 내용을 알리거나 불확실한 사항에 대해 단정적인 판단을 제공하거나 확실하다고 오해할 소지가 있는 내용을 알리면 안 된다. 또한 투자자가 투자 권유를 원하지 않는데 계속 권유해서도 안 된다.

5) 손실보전 및 이익보장 금지

금융회사나 직원은 투자와 관련하여 투자자에게 만약 손실이 발생하면 자기가 책임을 지고 보전해 주겠다거나 일정한 이익을 보장한다는 약속을 하면 안 된다. 만약 금융회사나 직원이 손실을 보전해 주겠다며 투자를 권유하거나 회유하면 절대 믿지 말아야 한다. 또한 투자자도 금융회사나 직원에게 손실을 보전해 달라고 요구할 수 없다. 손실의 보전이나 이익의 보장에 대한 약속은 무효이기 때문에 투자자는 이에 근거하여 손해배상을 받을 수 없다.

▌수익보장 · 손실보전 약정의 효력

간혹 투자상품에 투자하는 과정에서 금융회사 직원이 말 또는 서류로 '투자수익보장약정'이나 '손실보전약정'을 하는 경우가 있다. '투자수익보장약정'이란 일정한 수익을 내도록 보장해 주겠다는 약속이고 '손실보장약정'이란 적어도 원금에 손실이 나지 않도록 해 주겠다는 약속이다.

투자자 입장에서는 금융투자상품이 위험성이 있는 상품이라는 것을 알면서도 직원의 이러한 약속을 믿고 금융투자상품에 가입할 우려가 있다. 하지만 법에 따르면 금융회사는 투자자에게 일정한 수익이 나도록 보장한다거나, 손실이 나면 보전을 해 주겠다는 약속을 할 수 없다.

따라서 현행법상 '투자수익보장약정'이나 '손실보전약정'은 모두 위법한 약속으로 전혀 법적인 효력을 인정받을 수 없다. 따라서 투자자가 금융회사 직원에게 애초에 약속한 내용대로 이익을 보장하라거나 손해를 보전해 달라고 요구할 수도 없고, 판례에 따르면 설령 그러한 약속에 따라 이익금을 받았다고 하더라도 이것은 위법한 것이므로 그 이익금은 다시 금융회사로 돌려주어야 한다.

3. 투자자 피해 구제

투자 피해가 발생했다면 다음과 같은 순서에 따라 손해를 배상받을 방법을 찾아야 한다. 뒤의 단계로 갈수록 상당한 비용과 시간이 소요되므로 되도록 앞 단계에서 손해배상을 받을 수 있도록 노력해야 한다.

1) 손해배상 청구

(1) 1단계 - 금융회사와 화해

'화해'란 투자자와 금융회사가 서로 합의하여 다툼을 끝내는 것을 말한다. 피해가 발생했다고 생각하면 일단 금융회사 남당 직원에게 이의를 제기하고, 해결되지 않은 경우 금융회사의 '분쟁조정 부서'나 '감사 부서'에 알려 결과를 기다린다. 만약 금융회사가 손해배상 책임이 없다고 응답한다면 2단계로 넘어간다.

(2) 2단계 - 분쟁조정 신청

'분쟁조정'이란 제3의 기관이 투자자와 금융회사의 다툼을 보고 누가 잘못했는지를 살펴 화해하도록 돕는 것을 말한다. 금융 관련 분쟁조정 기관으로는 '금융감독원 금융민원센터', '한국거래소 분쟁조정센터', '한국금융투자협회 소비자보호실' 등이 있으며 직접 방문하거나 인터넷, 우편 등을 통한 분쟁조정 신청이 가능하다.

투자자가 분쟁조정을 신청하면 분쟁조정기관은 투자자와 금융회사의 주장 및 관련 자료를 모두 검토하여 양 당사자에게 분쟁조정안을 제시한다.

[표 11-2] 분쟁조정기관

금융감독원 금융민원센터	• 우편: (150-743) 서울특별시 영등포구 여의대로 38 금융감독원 금융민원센터 • 인터넷: www.fcsc.kr • 방문: 본원(여의도) 및 지원, 월~금 9:00~18:00(점심시간 12:00~13:00), 토: 9:00~13:00 • 상담 전화: 국번 없이 1332

한국거래소 분쟁조정센터	• 우편: (150-977) 서울특별시 영등포구 여의나루로 76 한국거래소 시장감시위원회 분쟁조정팀 • 인터넷: www.drc.krx.co.kr • 방문: 서울 사옥, 월~금 9:00~18:00(점심시간 12:00~13:00) • 팩스: 02-786-0263
한국금융투자협회 소비자보호실	• 우편: (150-974) 서울특별시 영등포구 의사당대로 143 한국금융투자협회 1층 소비자보호실 • 인터넷: www.kotia.or.kr • 방문: 본회(여의도), 월~금: 9:00~17:30(점심시간 12:00~13:00) • 상담 전화: 02-2003-9421-9426

분쟁조정 내용에 대해 투자자와 금융회사가 모두 동의하여 금융감독원 분쟁조정을 한 경우에는 '재판상 화해'와 동일한 효력을 가져 합의 내용에 강제력이 있고 더 이상 소송을 제기할 수 없다.

하지만 분쟁조정 내용에 대해 둘 중 하나라도 동의하지 않는 경우 투자자는 손해배상을 받기 위해 법원에 소송을 제기해야 한다. 분쟁조정 중에도 소송을 제기할 수 있으나 이 경우 분쟁조정은 중단된다.

(3) 3단계 - 법원 소송

투자자는 분쟁조정안이 마음에 들지 않거나 금융회사가 분쟁조정안을 수락하지 않아 손해배상을 받지 못한 경우 법원에 '손해배상 청구 소송'을 제기할 수 있다. 분쟁조정을 거치지 않고 바로 소송을 제기할 수도 있지만 소송은 보통 1년 이상의 시간과 변호사 선임 등을 위한 각종 비용 부담이 발생한다. 길고 힘든 싸움이 될 수 있는데, 그래서 되도록 분쟁조정을 먼저 신청하고, 그 결과가 만족스럽지 않은 경우에 소송을 제기하는 것이 좋다.

2) 투자자 준비사항

투자 피해를 입었다면 투자자는 당황하지 말고 분쟁조정 및 소송 등의 피해 구제 절차를 밟기 전에 차근차근 피해를 입증할 자료를 준비해야 한다. 손해배상을 받기 위해서는 단순히 투자 피해가 발생했다고 주장하는 것만으로는 부족하며, 금융회사가 불법적인 행동을 했다는 것과 그런 불법적인 행동으로 손해가 발생했다는 것을 증명해야 한다.

(1) 상담할 때 받은 투자설명서, 광고지 등의 검토

잘못된 투자 판단을 했던 이유가 상담을 하면서 받은 자료 때문인지 확인한다. 투자 손실 등에 대해 오인하도록 표시된 내용이 있는지 살피고 기록해 둔다.

(2) 상담 내용의 기록

상담 내용을 받아 적었거나 정리해 둔 것이 있는지 확인한다. 투자설명서나 광고지에는 해당 내용이 없지만 금융회사 직원이 구두로 잘못된 투자 정보를 알려 준 사실이 있다면 이를 메모해 놓았는지 확인한다. 설명서 여백이나 별도의 메모지에 기록한 내용도 꼼꼼히 정리해 둔다.

(3) 각종 통화내용 정리

문자 메시지나 이메일, 통화 내용 등을 확인하여 정리한다. 금융회사 직원이 보낸 문자나 이메일 등에 증거 자료로 도움될 만한 것이 있는지 살펴본다. 투자자는 금융회사 직원과 전화 상담 시 녹취한 내용을 공개해 달라고 요청할 수 있다. (영업점 전화, 콜센터 전화 등 녹취)

▌이런 회사를 조심하자

1. 일간지·생활정보지 등에 '고수익 보장', '투자 원금 보장', '투자금의 월○% 수익금 지급' 등 고수익 광고를 하면서 상호와 전화번호만 명시하고 이름과 소재지는 밝히지 않은 채 보안에 신경을 쓰며 은밀히 자금을 모집하는 업체
2. 유명 연예인을 동원하거나 정·관계 인사와 친분을 과시하며 신성장 사업 또는 고수익 창출이 가능한 유망 사업임을 강조, 투자 시 고수익을 제시하며 자금을 모집하는 업체
3. 실제로는 사업에 대한 실체가 없으나 자신의 사업에 투자하면 고수익을 올릴 수 있는 것처럼 과장하고 상호와 사무실을 자주 변경하며 투자자를 모집하는 업체

4. 사업자등록증 · 법인등록 · 다단계 판매업자 등의 신고를 마치 금융당국으로부터 자금 조달(모집)을 위한 인 · 허가 및 등록 · 신고를 한 적법한 업체인 것처럼 속인 후 고수익을 제시하며 불특정 다수로부터 자금을 모집하는 업체
5. 실제로는 담보력이 없으나 투자금에 대해 '유사금융기관 보증', '투자금 공증', '부동산 설정' 등을 해 준다면서 안정성을 강조하여 투자자를 안심시킨 후 고수익을 제시하며 자금을 모집하는 업체
6. 외국 정부로부터의 권리 취득 또는 해외 기관과의 사업 제휴 사실을 가장하여 동 사업에 투자하면 고수익을 올릴 수 있을 것처럼 선전하며 자금을 모집하는 업체
7. 투자 원금과 이자를 돌려주지 않고 재투자 시 더 큰돈을 벌 수 있다며 계속적으로 자금을 유치하는 업체
8. 고수익 직업임을 강조하며 사회 물정에 어두운 주부, 학생, 노인 등을 자금모집책으로 유인 · 채용하여 하위 투자자 유치 시 각종 수당 등을 지급할 것을 제시하며 지인 등을 통한 다단계 방식 등으로 자금을 모집하는 업체
9. 부실한 비상장주식을 상장하면 큰 시세 차익을 얻을 수 있는 것처럼 투자자를 속여 실제 회사 가치보다 비싸게 투자자에게 주식을 팔아 자금을 조달하는 업체
10. 금융당국의 인 · 허가 없이 금융권 부실 채권 추심사업, 경(공)매 물건(부동산 · 주식 · 채권) 입찰 사업, 국내외 부동산 개발 사업 등을 영위하는 업체

4. 피해 예방

금융회사에 이의를 제기하고, 분쟁 조정을 신청하고, 소송을 제기했음에도 결국 손해배상을 받지 못하는 경우도 많으며 투자 피해가 발생해도 투자자로서 투자정보를 게을리한 것도 문제가 되기 때문에 손해액의 일부만 배상받는 경우가 대부분이다.

피해 예방 노력으로 모든 투자 피해를 막을 수는 없다. 만약 금융회사나 직원이 투자자 모르게 불법적인 행동을 한다면 투자자가 아무리 심혈을 기울인다 해도 막을 수가 없기 때문이다. 그러나 불완전 판매로 인한 투자 피해는 투자자가 좀 더 조심한다면 그 발생 빈도나 피해 규모를 줄일 수 있다. 다음의 피해 예방 원칙은 불완전 판매를 예방하기 위해 투자상품 구입과정에서 투자자가 반드시 지켜야 할 사항이다.

1) 거짓 정보에 현혹되지 마라

일부 금융회사 직원 중에는 간혹 상품을 추천하고 판매하는 과정에서 잘못된 정

보, 왜곡된 정보, 투자와 상관없는 정보 등을 제공하는 사람이 있을 수 있다. 이것은 투자자의 판단을 흐리게 할 수 있어 주의해야 한다.

2) 반드시 비교하라

동일한 금융회사 직원과 여러번 상담하는 것도 중요하지만, 다른 금융회사 또는 다른 지점 등을 방문하여 상담 내용을 비교해 보는 것이 좋다. 대부분 투자자는 금융회사 직원에 비해 투자 지식이 부족하다. 또 생업이 있기 때문에 투자에 신경을 쓸 시간도 부족하다. 이런 이유로 투자자는 '상담'에 의존하여 투자할 수밖에 없는데 한 회사 또는 한 직원에게만 상담을 받으면 그것이 정답인 것처럼 오해할 수 있다.

여러 금융회사 또는 여러 직원을 만나 상담을 받다 보면 '투자 지식'이 늘어난다. 무엇보다 어느 금융회사 혹은 직원이 더욱 자세히, 친절히, 전문적으로 상담을 해 주는지 알 수 있다. 투자자는 여러 금융회사의 상담 내용을 비교하여 양질의 투자 정보를 제공하는 곳에 투자해야 한다.

3) 객관적 자료를 요구하라

상담 과정에서 금융회사 직원이 투자설명서나 광고지 등에 없는 내용을 알려 준다면 객관적 자료를 달라고 말하라. 특히 원금 손실에 대한 부분이나 성과 관련 내용, 투자자산 전망에 대한 내용 등은 중요한 사항이므로 금융회사 직원의 말만 듣고 판단해서는 안 된다.

4) 신중하게 서명하라

투자자가 서명을 하는 내용은 바로 투자자와 금융회사의 권리와 의무에 관한 것들이다. 서명을 한다는 것은 해당 내용을 모두 이해했으며 동의한다는 뜻이다. 일단 서명을 하면 나중에 투자 피해로 억울한 상황이 생겨도 구제받기가 상당히 어렵다. 그러므로 읽기 어렵고 시간이 없다는 이유로 내용을 읽지도 않고 대충 서명하지 말고 신중하게 서명해야 한다. 서명할 내용은 반드시 읽어 보며 꼼꼼히 살피고 신중을 기한다. 만약 해당 내용이 이해되지 않거나 동의하기 어렵다면 절대 서명하지 말아야 한다.

▌투자설명서, 각종 광고지 등 받은 자료는 보관해 둔다

금융회사 직원은 투자 상담 시 다양한 자료를 제시합니다. 금융상품의 투자설명서 혹은 요약서(간이투자설명서) 등을 제공하거나 팸플릿 등 상품 광고지도 보여 줄 것입니다. 이렇게 제공받은 자료는 반드시 보관합니다.

- 중간중간에 투자 성과를 점검할 때마다 함께 꺼내 놓고 상품 가입 시 들었던 설명대로 투자가 진행되고 있는지 살펴봅니다.
- 혹시 투자 피해가 발생했을 때 금융회사의 불법을 입증할 증거로 사용합니다.

〈금융투자 피해사례 연구〉

1. **금융회사에 너무 의존하지 말자**

다음은 금융회사 직원을 맹신하여 거래를 모두 맡겼다가 피해를 본 사례다. 거래를 맡길 때에는 포괄적으로 맡기면 안 된다. 투자할 자산의 종류, 종목, 매매방법 등은 반드시 투자자가 결정해야 하며 중간중간에 투자 내역을 반드시 확인해야 한다. 금융회사 직원의 구두 보고가 아닌 실제 거래 내역을 살펴봐야 한다.

▌빈번한 매매로 - 99% 손해 발생

나선량 씨는 고향 후배인 김상담 씨의 투자를 하라는 권유에 못 이겨 5,000만 원을 맡겼습니다. 김상담 씨는 땡땡증권회사에서 투자 상담사로 일하고 있었는데, 매매량이 많을수록 높은 성과급을 받게 되어 있었습니다. 나선량 씨는 투자를 잘 몰랐기 때문에 김상담 씨에게 투자를 위임했습니다. 김상담 씨는 나선량 씨가 맡긴 5,000만 원으로 선물, 옵션 등을 빈번하게 매매 했습니다. 나선량 씨는 선물, 옵션이 뭔지도 몰랐지만 원금 손실이 너무 커지자 불안하여 옵션 거래 중지를 요청했습니다. 그러나 김상담 씨는 손실을 보전해 주겠다며 매매를 계속했고, 결국 5,000만 원이었던 투자금은 21만 8,000원이 되었습니다.

판례: 부산지법 2006.4.13. 선고 2005411999 판결

위와 같은 거래 행위는 나선량의 이익을 최우선시 하기보다도 증권회사의 영업실적 및 김상담 자신의 성과급을 증대시키기 위하여 이루어진 것으로서 고객에 대한 보호의무와 수임자로서의 충실의무를 저버린 것으로 전체적으로 보아 위법한 것이라고 아니할 수 없으므로 나선량이 입은 손해를 배상할 책임이 있다. 그러나 나선량에게도 주식거래 및 선물, 옵션 거래에 대하여 경험이나 지식이 전무한 상태에서 김상담의 말만 듣고 무모하게 옵션거래를 전적으로 위임하고 방치한 과실이 있으므로 증권회사가 배상하여야 할 손해액은 3,000만 원으로 제한함이 상당하다.

2. '고수익'을 말한다면 '고위험'으로 듣자

안전한 투자를 원하는 투자자에게 투자자의 경험과 지식에 비해 이해하기 어려운 구조의 고위험 상품을 안전하다고 이야기하며 판매한 사례다. 투자자는 직원이 '고수익'을 내세우며 적극 추천할 때 더욱 주의해야 하며, 반드시 투자위험을 살펴야 하고 수익이 높은데도 안전하다고 말하면 일단 의심해야 한다. 가족이나 주변 사람들과 상의하여 투자를 결정한다.

▌안전 투자를 원하는 고령자에게 고위험 1등급 펀드 추천, - 60% 손해 발생

나고령 씨는 초등학교를 졸업하고 가내수공업 공장을 운영해 오다가 재개발에 따른 토지 보상금을 약 48억 원 받았습니다. 이 사실을 알고 뽕뽕은행 직원은 그를 찾아가 보상금을 펀드에 투자하라고 적극 권유했습니다.

나고령 씨는 펀드에 투자한 경험이 없었기 때문에 투자를 망설이며 원금이 보장되는 상품이 좋다고 말했습니다. 그러나 뽕뽕은행 직원은 펀드의 수익 구조를 그래프로 그려 주면서, 우량 기업인 송송전자가 망하지 않는 한 원금이 보장된다고 안심시켰습니다. 나고령 씨는 약 15억 원을 투자했습니다. 그러나 해당 상품은 장외파생상품에 투자하는 고위험 펀드였고 미국 서브프라임 사태가 발생하면서 가치가 폭락하여 결국 투자금 15억 원은 약 6억 원으로 줄어들었습니다.

판례: 부산지법 2011.3.23. 선고 2010가합791 판결

고령의 저학력자로서 간접투자상품을 매수한 경험이 없고 매우 보수적인 투자 성향을 가지고 있는 사람인 나고령 씨에게 거액의 돈을 투자하여 펀드를 매입하도록 권유하면서, 펀드의 안전성과 수익성만을 강조하고 그 운용방법이나 만기에 원금손실이 발생할 위험성 등에 관하여 제대로 설명하지 않았다. 위와 같은 행위는 투자행위에 수반되는 위험성에 대한 올바른 인식 형성을 방해하거나 또는 투자상황에 비추어 과대한 위험성을 수반하는 거래를 적극적으로 권유한 행위이자 나고령 씨에 대한 보호의무를 저버린 부당권유행위에 해당한다. 따라서 뽕뽕은행은 나고령 씨가 입은 손해의 일부를 배상할 책임이 있다. (손해액의 35% 배상)

3. 여러 전문가의 의견을 참고하자

투자자가 투자위험을 과소 평가하도록 적극 유도한 사례다. 담당 직원 외에 다른 직원에게 '투자'를 문의해 본다. 담당 직원의 경우 성과 보수나 실적 때문에 무리한 추천을 할 수 있다. 아예 다른 증권회사의 직원에게 물어보는 방법도 좋다. 여러 의견을 듣고 투자 판단을 해야 한다.

▌선물옵션 부당 권유 등으로 손해 발생

박믿음 씨는 모모증권회사에서 담당 직원의 종목 추천에 따라 주식을 거래해 왔습니다. 담당 직원이 종목을 추천하면 박믿음 씨가 확인하고 승낙하는 방식이었죠. 그러던 어느 날, 담당 직원이 주가 하락에 대비하여 선물 옵션 거래를 통해 위험을 줄여야 한다고 말했습니다.

지점장이 박믿음 씨에게 선물 옵션 거래는 위험하다고 이야기해 줬지만 담당 직원은 지점장이 잘 모르고 한 소리라며 선물 옵션 거래를 거듭 권유했습니다. 박믿음 씨는 담당 직원의 말에 따라 선물 옵션 거래를 하게 되었고 담당 직원에게 거래를 전적으로 위임했습니다. 담당 직원은 선물 옵션 거래를 통해 투자위험을 줄이지 않고 오히려 위험을 확대하는 쪽으로 투자를 했고, 결국 박믿음 씨는 담당 직원의 말만 믿고 투자하다가 약 2억 7,700만 원의 손실을 보았습니다.

분쟁조정: 금융감독원 2011.6.21. 제2011-38호

지점장이 신청인에게 선물 옵션이 위험하다는 취지의 설명을 하여 신청인이 주저하였으나, 담당 직원은 지점장이 선물을 잘 모른다며 안전한 거래라고 설득함으로써 신청인의 위험에 관한 올바른 인식 형성을 적극적으로 방해하는 등 고객 보호 의무를 다한 것으로 보기 어려우므로 (기타 설명 의무 등 위반 포함) 손해배상 책임이 있으나 신청인 또한 거액을 투자하면서도 투자위험성 등의 파악을 게을리했으므로 담당 직원은 전체 손해액 약 2억 7,700만 원 중 45%를 손해배상할 것.

4. 손실 보전 약속, 절대 믿지 말자

엄청난 원금 손실을 본 투자자가 이에 항의하자 손실 보전을 약속하며 추가 투자금을 받았지만 그 돈마저 손실을 본 사례다. 손실 보전 약속은 법적으로 금지되어 있다는 것을 명심하자.

▌주식 투자로 손실이 나면 증권회사 직원이 책임진다는 내용은 무효

무책임 씨는 동동증권회사 지점장의 종목 추천에 따라 주식에 투자해 왔습니다. 그런데 지점장이 추천한 종목에서 6억 원이라는 큰 손실을 보게 되자 지점장을 찾아가 따졌고, 지점장에게 '손실 발생 시 책임지겠다'. '6억 원의 손실을 어떻게든 회복시키고 약속을 이행하지 못하면 어떤 불이익도 감수하겠다'는 확인서를 받았습니다. 그 후 원금 회복을 위해 추가로 투자자금을 입금했으나, 경기가 나빠지면서 주가가 급락하여 더 큰 손실을 보게 되었습니다. 그래서 무책임 씨는 동동증권회사 지점장에게 약속한 대로 손실을 보전해 달라고 요구했으나 거절당하고 소송에서도 패소했습니다.

판례: 대법원 2002.12.26. 선고 2000다56952 판결

증권 거래와 관련하여 발생한 손실을 보전해 주기로 하는 약속이나 그 손실보전행위는 위험관리에 의하여 경제 활동을 촉진하는 증권 시장의 본질을 훼손하고 안이한 투자판단을 초래하여 가격 형성의 공정을 왜곡하는 행위로서, 증권 투자에 있어서의 자기책임의 원칙에 반하는 것이므로 정당한 사유 없는 손실 보전의 약속 또는 그 실행행위 역시 사회질서에 위반하여 무효라고 할 것임.

나의 투자 성공 시나리오

소개

- 다음은 투자의 귀재라고 불리는 워런 버핏이 이야기한 6대 투자 원칙이다. 이처럼 투자를 위해서는 자신만의 투자 원칙이 필요하다. 자신이 생각하는 투자의 가치, 목적, 시기, 방법, 척도 등을 고려하여 자유롭게 6가지 원칙을 정해 본다.

워런 버핏 6대 투자 원칙

1. 투자 시점을 기다려 가격이 낮을 때 매수 한다.
2. 단기 매매를 많이 하지 않고 소수의 종목에 장기 투자한다.
3. 주당 순이익(EPS)보다 자기자본 이익률(ROE) 15% 이상인 종목을 투자 척도로 삼는다.
4. 꾸준한 매출성장을 가져올 수 있는 장기적 경쟁력을 가진 독과점 기업을 선택한다.
5. 향후 25년간 성장할 잠재력을 지닌 회사를 발굴하라.
6. 투자의 제1원칙은 돈을 잃지 않는 것이다.

워렌 버핏은 1966년 100달러로 주식투자를 시작하여 2010년 세계에서 3번째 부자로 선정된 바 있다. 그는 전설적인 투자의 귀재로 평가받을 뿐 아니라 적극적인 기부로 인해 오마하의 현인이라고 불린다.

[ ]의 6대 투자 원칙

1.
2.
3.
4.
5.
6.

chapter

12 금융의 변화와 미래사회

1. 새로운 변화, 4차 산업혁명

세상은 우리가 생각하는 것보다 더 빠르게 변화하고 있다. 산업혁명이란 쉽게 이야기하면 기술혁신으로 인한 사회·경제 구조의 변화를 뜻하는데 산업혁명을 이해하는 가장 쉬운 방법은 제조공정의 변화로 이해하면 된다. 최근 우리가 맞이할 4차 산업의 10년의 변화는 과거 우리 조상들이 겪었던 100년의 변화보다 더 빠르고 다이나믹하게 다가올 것이다.

4차 산업혁명의 핵심 키워드는 융합과 연결이다. 정보통신기술의 발달로 전 세계적인 소통이 가능해지고 개별적으로 발달한 각종 기술의 원활한 융합을 가능케 되었다. 이 기술은 금융산업의 발전에도 큰 변화를 가져왔는데, 4차 산업혁명의 새로운 기술들이 금융과 연결하여 새로운 부가가치를 창출해 냈다. 예를 들면, 카드를 갖고 다니지 않아도 결제가 가능한 각종 페이(PAY)와 공인인증서를 대체하는 지문인식, 생체인식 서비스 등의 발전 속도는 매우 빠르게 변화하고 있다.

1) 산업혁명의 역사

(1) 1차 산업혁명

1차 산업혁명은 와트(Watt)의 증기기관 발명과 함께 1760년대 영국에서 시작하였다. 영국은 다른 나라보다 일찍 봉건제도가 해체되었고 정치적으로 자유로운 농민층이 생기면서 이 노동자들이 농업이 아닌 생산직으로 많이 몰리게 되었다. 그러면서 자연적으로 모직물(양털)을 이용한 산업이 발달했는데, 18세기에 들어서면서 영국에 면직물 수요가 급증하자 와트의 증기기관을 계량하여 면직물을 대량 생산할 수 있는 공장이 만들어지고 면직물 생산의 제조공정이 완전히 바뀌게 되면서 대량생산이 가능하게 되었다.

[그림 12-1] 기계를 이용한 산업화

(2) 2차 산업혁명

2차 산업혁명은 흔히 전기 혁명이라고 하는데 1860년대부터 1900년대까지 전기의 발명과 그로 인한 생산 공정의 변화로 소비재가 대량으로 생산되었고, 인류의 삶에 많은 영향을 끼치게 되었다. 전기로 인한 생산 공정의 변화는 식품을 비롯하여 의류, 가공, 넓게는 운송수단까지 영향을 주었다. 2차 산업혁명을 주도했던 회사는 미국의 자동차 회사인 포드사로서 전기를 이용해 차를 대량으로 생산하였고, 수요공급의 원칙에 따라 차를 대량 생산할 수 있으니 좀 더 저렴한 방식으로 자동차를 공급하게 되어 이 공급은 추후 운송수단까지 영향을 주었다.

[그림 12-2] 컨베이어 벨트의 대량생산

(3) 3차 산업혁명

3차 산업혁명은 정보화 혁명이라고도 하는데 이 혁명의 중심은 컴퓨터이다. 컴퓨터가 생기면서 정보화 혁명이 시작된 것인데, 이로 인해 노동자도 많은 변화를 가져왔다. 기존에 노동자라 하면 육체노동이 대부분이었으나 이제는 사무직 노동자가 생기게 되었다. 또 컴퓨터가 생기면서 인터넷이 발달하였고 이는 무한한 정보를 제공하면서 정보 통신이 발달하게 되고 컴퓨터 제어가 자동화되었다. 3차 산업혁명으로 제조공정에서 많은 부분이 자동화되었고 적은 노동력으로 생산성에 많은 향상을 이루게 되었다. 특히 인터넷의 발달과 스마트폰 모바일이 확산되면서 정보화 혁명이라 불리는 시대가 되었다.

[그림 12-3] 컴퓨터를 활용한 산업화

(4) 4차 산업혁명

4차 산업혁명의 사전적 의미를 보면 인공지능, 사물 인터넷, 빅 데이터 등 첨단 정보통신기술이 경제, 사회적 전반에 융합되어 혁신적인 변화가 나타나는 차세대 산업혁명이다. 4차 산업혁명의 시작은 독일의 Industry에서 처음 시작되었다. 흔히들 4차 산업혁명을 알파고나 무인자동차라고만 알고 있으나 그 시작은 독일의 한 공장에서 시작하였다.

이 공장과 기존 공장의 차이를 보면, 기존 공장은 컨베이어를 기반으로 하는 생산 공정을 가지고 있었는데, 이 시스템은 기존의 생산시스템을 완벽히 자동화하는 시스템으로 생산 현장을 변화시켰다. 예를 들어, 신발공장에서 신발을 50만 켤레 만드는데 인원이 500명 정도 필요했다면 지금은 10명 정도만 있어도 충분히 가능해졌다. 이것은 노동시장에 엄청난 격변을 예고하고 있었다. 기존에 대기업 제조공장들은 생산비를 줄이기 위해 노동력이 싼 시장에 공장을 건립하여 생산하였는데 지금은 소수의 전문 인력으로 대량 생산이 가능해진 것이다.

[그림 12-4] 컴퓨터와 로봇 시스템의 산업화 - 테슬라 자동차 조립 공장

또 이 패턴의 분석결과를 토대로 사람들의 행동을 예측하고, 기업들은 예측 결과를 바탕으로 소비자의 특성에 맞는 물건들을 생산해 낸다. 이처럼 4차 산업혁명의 특징은 초연결성, 초지능성, 예측 가능성을 갖고 있다. 사람과 사물, 사물과 사물이 인터넷 통신망으로 연결되고, 초연결성으로 비롯된 막대한 데이터를 분석하여 일정한 패턴을 파악(초지능성)하고, 분석결과를 토대로 인간의 행동을 예측(예측 가능성)

하는 일련의 단계를 통해 새로운 가치를 창출해 내는 것이 바로 4차 산업혁명의 특징이다.

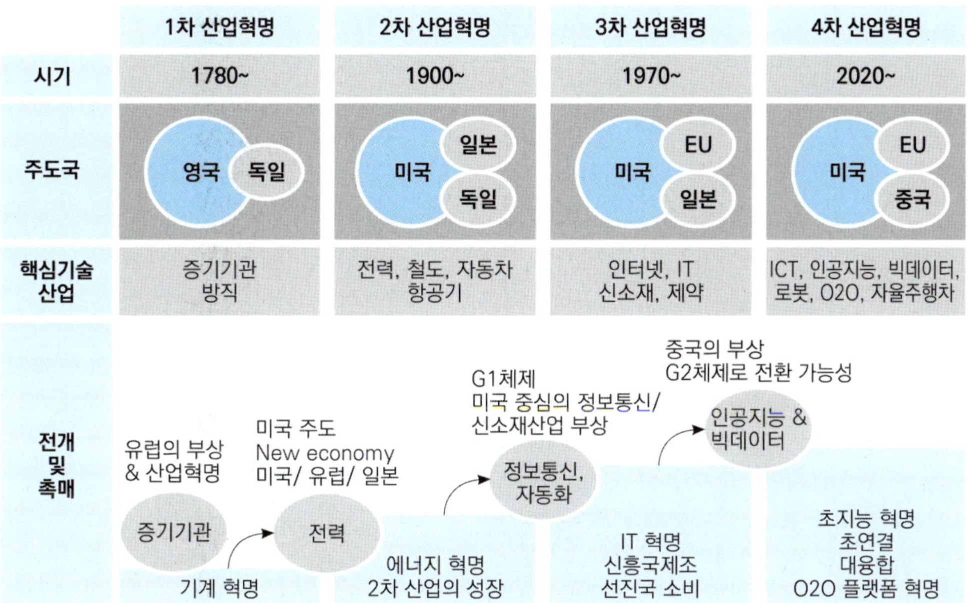

[그림 12-5] 산업혁명의 역사

출처: Schwab(2017).

2. 핀테크

핀테크(FinTech)는 금융(Finance)과 기술(Technology)의 합성어로, 금융과 정보통신기술의 융합을 통한 금융서비스 및 산업의 변화를 통칭한다. 모바일, SNS, 빅 데이터, 클라우드, IoT(Internet of Things), VR(Virtual Reality) 등 21세기에 등장한 새로운 IT기술 등을 활용하여 기존의 금융기법과 차별화된 금융서비스를 제공하는 기술기반 금융서비스이다.

핀테크는 무선인터넷 기술이나 빅 데이터 분석, 인공지능 기술 등이 도입되면서 이루어진 서비스이기 때문에 기존의 유선인터넷 중심의 전자금융과 차이를 보인다. '뛰어난 접근성, 저렴한 비용, 빠른 확산 속도' 등을 키워드로, 컴퓨터나 정보통신기술을 금융회사의 보조적 역할에서 산업을 이끄는 주체로 이동시키면서 '새로운 부가가치를 창출'하고 있다. 이러한 혁신적인 핀테크 비즈니스 모델이 기존 금융회사의 다양한 금융서비스를 대체하는 것에서 나아가 해체하는 역할까지도 할 것이라는 의견이 많다.

1) 핀테크의 시작

핀테크의 가장 중요한 발전 배경은 인터넷 플랫폼을 기반으로 모든 사물, 공간, 산업, 사람을 지능적으로 연결 및 융합하는 4차 산업혁명(The Fourth industrial Revolution)의 등장이다. 2016년 1월 열린 다보스포럼에서 클라우스 슈밥(Klaus Schwab) 의장은 앞으로 약 50년간 4차 산업혁명이 우리 사회를 지배할 패러다임이라고 단언하였다. 많은 전문가들이 4차 산업혁명은 새로운 부가가치를 갖는 제품과 서비스를 창출하는 반면, 전통산업과 사회구조를 해체시킬 수 있으며, 1・2・3차 산업혁명에 비해 속도와 범위, 사회에 미치는 영향이 클 것으로 보고 있다.

(1) 금융상품 서비스의 확대

전 세계를 연결하는 인터넷의 대중화는 금융상품과 서비스에 대한 광범위한 접근을 용이하게 하는 한편, 상품이나 서비스의 원가를 줄이거나 심지어는 제거 중에 있다. 가령 크라우드 펀딩은 고액자산가 위주의 사모 투자를 개인투자자로 확대하는 역할을 하였고, 로보어드바이저는 고액자산가들의 전유물이던 프라이빗 뱅킹(private banking) 서비스를 일반투자자들도 저렴한 비용으로 누릴 수 있도록 하였다.

(2) 디지털 수용성이 높은 세대

1982년부터 2000년 사이에 출생한 Y세대는 '밀레니엄' 또는 '디지털 원주민'이라고도 불리며 학습, 커뮤니케이션 및 엔터테인먼트를 위해 인터넷을 사용하는 것이 자연스럽고 소비하는 서비스의 편안함과 사용자 편의성에 대한 높은 기대치를 지니고 있다. 이런 Y세대(Generation Y)가 점차 금융서비스 이용의 전면에 등장하고 있다.

단순하고 투명한 핀테크 서비스는 젊은 세대에게는 보다 신뢰성 있게 인식되어 점차 저변을 확대하고 있으며, 기존의 복잡한 금융서비스가 아닌 하나의 분야에 특화한 서비스로 고객 수요에 보다 충실화 하는 추세이다. 특히 금융이 소셜미디어와 결합하는 현상이 나타나면서, 핀테크로 인한 금융환경 변화를 보다 가속화시킬 것으로 전망된다. 소셜미디어를 통한 빈번한 정보교류는 금융상품 비교・선택에 대한 투명성・주관성을 높이고 기존 금융회사의 물리적 접근 가능성(지점 등)을 통한 경쟁우위를 무력화할 것으로 예상되기 때문이다.

(3) 언택 비즈니스와 공유서비스

에어비앤비, 우버 등은 기존의 숙박이나 택시 등의 시스템이 아닌, 탈중개적 시스템을 이용한 사업이다. 이처럼 금융 또한 인터넷 확산 및 기술혁신 등으로 금융기관 중심의 중개시스템에서 탈피하여 핀테크 플랫폼을 활용하여 금융서비스를 직접 중개 또는 재중개 하려는 수요가 증가하고 있다. 가령 크라우드 펀딩 플랫폼은 증권거래소와 인수인으로부터 벗어나 주식 거래를 중개하려는 수요로 볼 수 있으며, P2P대출은 은행이나 대부업자를 탈피한 대출 중개 및 판매 채널이다.

2) 핀테크 서비스

핀테크 서비스로는 비금융기업인 애플이나 알리바바가 보다 간편하게 사용할 수 있도록 만든 애플페이, 알리페이 등의 지급결제 서비스가 대표적이고, 무선기기를 통하여 대금을 결제하는 모바일뱅킹, 모바일페이먼트, 온라인 플랫폼에서 개인 간에 필요 자금을 지원하고 대출하는 P2P 대출 서비스, 크라우드펀딩, 이 밖에 컴퓨터가 자산관리를 수행하는 로보어드바이서, 이와 함께 이러한 신규 서비스로 인하여 발생하는 각종 보안문제를 해결하는 분야도 핀테크의 일부를 차지한다.

현재에도 핀테크 서비스는 새로운 형태가 계속 나타나고 있으므로 서비스 유형을 일괄적으로 분류하여 나누기는 어려우나, 몇 가지 대표적인 사례를 살펴보도록 하자.

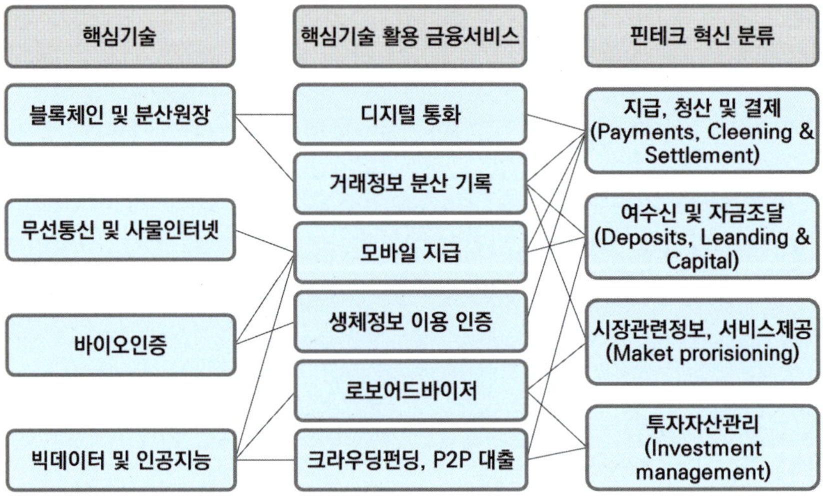

[그림 12-6] 디지털 기술과 금융서비스의 관계

출처: FSB의 분류체계 인용

▌전통적 핀테크와 신흥 핀테크

금융과 정보통신기술의 융합이 공통적인 배경인 전자금융과 핀테크는 개념적으로 어떻게 구분해 볼 수 있을까? 둘의 구분은 핀테크의 정의를 보다 명확히 하는 데 도움이 될 수 있다. 뉴 노멀1과 규제환경, 디지털 혁명 등 금융위기 이후 특정한 수요와 공급조건의 변화 속에서 부상한 핀테크는 인터넷이 부상하던 시기부터 존재하던 전자금융(Electronic Banking)과는 분명히 맥락을 달리하는 개념이다.

기존 전자금융이 바로 전통적 핀테크 기업에 의해서 지원되고 있다고 할 수 있고, 후자는 현재 부상하고 있는 핀테크라고 할 수 있다. 국제결제은행(BIS)은 전자금융을 "전자적 채널을 통하여 금융상품 및 서비스를 제공하는 것"으로 정의하는데, 전통적 핀테크는 금융회사의 가치사슬 상에 포함되어 금융업무가 ICT를 통해서 자동화되고, 효율화될 수 있도록 지원하는 역할을 담당한다. 금융회사의 금융 인프라 지원 성격이 강한 것이다.

전자금융의 대표적 형태인 인터넷 뱅킹은 IT솔루션 기업, 보안회사 등의 지원을 통해서 은행 지점 업무를 온라인화 시킨 것이라고 볼 수 있다. 전자금융은 금융회사가 가치사슬의 핵심에 위치하고, ICT기업은 이를 후방에서 지원하는 역할에만 그친다.

	전자금융 (Electronic Banking)	핀테크 (Fintech: Financial Technology)
정의	전자적 채널을 통하여 금융상품 및 서비스를 제공하는 것(BIS)	기술이 핵심 요소로 작용하는 금융서비스 혁신 (innovation in financial services where technology is the key enabler)

	전자금융 (Electronic Banking)	핀테크 (Fintech: Financial Technology)
포지셔닝	조성자(facillator): 기존 금융서비스의 가치사슬에 포함되어 효율성 개선 지원	파괴자(disruplor): 기존 금융서비스의 전달체계를 탈중개화 시키거나 완전히 새로운 방식으로 제공
주요 역할	금융 인프라 지원	기존 인프라 우회 또는 대체하여 금융 서비스 직접 공급
주요 관련 기업	IBM(IT솔루션), Infosys(IT하드웨어), SunGard(금융소프트웨어), Symaniec(정보보안)	Alipay(지급결제), Transferwise(외환송금), kickstarter(크라우드 펀딩), Lending Cub(P2P 대출), Wealthfront(자산운용), Fidor Bank(인터넷은행), CoinBase(Bitcoin)
수익 모델	• 고객 접점은 금융회사가 주도 • IT가 금융거래의 후선에서 지원 • 금융거래 처리 효율 향상	• 고객 접점을 비금융회사가 주도 • 금융회사가 금융거래의 후선에서 지원 • 고객 경험 개선
개념도	자금공여자(대부자) - 금융회사(+금융망 - 자금수요자(차입지)	자금공여자(대부자) - 플랫폼(+인터넷) - 자금수요자(입지)
비고	PC 기반, 금융회사/대형 IT회사 중심	모바일 기반, 스타트업 중심

* 공급 사슬(supply chain) 상의 중개자(lintermediaries)가 기술 충격 등 외부 조건 변화로 대체되거나 제거되는 현상, 금융업에서는 통화정책의 파급경로인 금융중개기관에서 자금이 이탈하는 현상을 지칭

출처: LG경제연구원(2014.08.).

(1) 크라우드 펀딩

크라우드 펀딩(Crowd funding)은 군중을 뜻하는 영어 단어 '크라우드'와 재원 마련을 뜻하는 '펀딩'이 합쳐진 단어로 '여러 사람에게 자금을 마련하여 활용한다'는 뜻을 품는다. 크라우드 펀딩은 모여진 자금의 활용형태에 따라 대출형, 지분투자형(증권형), 후원형, 기부형 등 네 가지 형태로 나뉜다.

대부분 크라우드 펀딩은 개인 및 기업에 대한 P2P(Peer-to-Peer) 대출을 의미한다. 이때 대출자는 전통적인 대출 담당 금융기관인 은행을 통하지 않고 자금공급자로부터 직접 온라인으로 자금공급을 받는다. 즉, 대출신청인은 P2P 서비스를 제공하는 웹사이트에 대출을 신청하면, 다수의 투자자가 십시일반으로 자금을 빌려주고 정해진 기간에 이자를 얻는다. P2P 대출에서 자금공급자는 대부업체와 달리 직접 자금을

필요한 사람을 선택하고, 제공할 금액을 결정한다.

(2) AI, 빅 데이터와 로보어드바이저

자료 분석 활용서비스는 각종 통계 및 빅 테이터 분석을 금융투자에 활용하여 제공하는 것이다. 원래 금융투자 분석을 위하여 많은 통계자료 분석이 수행되었지만 최근 등장한 서비스는 '로보어드바이저'(robo-advisor)는 보다 발전된 기술을 활용하는 것이다.

'로보어드바이저'(robo-advisor)는 로봇(robot)과 투자상담사(advisor)의 합성어다. 고도화된 알고리즘과 빅 데이터를 통해 인간 프라이빗 뱅커(PB) 대신 모바일 기기나 PC를 통해 포트폴리오 관리를 수행하는 온라인 자산관리 서비스를 의미한다. 금융기관 방문이나 직원 대면을 통하여 투자 상담을 하지 않은 채 온라인 환경에서 자산배분 전략을 수립하고 개인 맞춤형 서비스를 제공하는 것이다. 로보어드바이저는 투자자의 포트폴리오 관리를 알고리즘 기반으로 자동화해 운영하기 때문에 인간의 판단과 개입을 최소화한 채 포트폴리오 상품을 설계하므로 수수료가 낮고 다양한 투자 전략을 수립할 수 있는 것이 특징이다.

최근에는 순수한 로보어드바이저와 함께 전문 자문인력이 고객 상담 및 일임 자산 운용에 일정 부분 관여하는 서비스를 제공하는 하이브리드형 상품이 도입되고 있다. 이는 기본적인 자산배분이 알고리즘에 따라 자동으로 실행되지만, 자문 인력이 고객의 투자 목표와 재무 상황 등에 맞게 자산의 포트폴리오를 일부 조정하는 방식이다. 전통적인 자산운용 서비스에 비해 저렴한 수수료, 개인 맞춤형 서비스 제공, 객관적 판단 등의 장점으로 지속적인 성장추세에 있다.

퍼스널 어드바이저 서비스

미국 내 로보어드바이저 업계 1위인 뱅가드는 지난 2015년 가장 먼저 하이브리드 로보어드바이저 서비스인 '뱅가드 퍼스널 어드바이저 서비스(Vanguard Personal Advisor Services)'를 출시했다.

뱅가드는 투자자가 홈페이지·모바일 앱 등을 통해 실시간으로 운용상황을 점검할 수 있도록 했으며, 투자금액 50만 달러 이상인 투자자를 대상으로 언제든지 자문인력과 전화, 이메일, 화상채팅 등을 통해 상담할 수 있도록 했다.

뱅가드에 이어 업계 2위 찰스스왑도 지난해 말 자문인력 관리 서비스가 포함된 하이브리드 로보어드바이저 '스왑 인텔리전트 포트폴리오(Schwab Intelligent Portfolio)'를 출시했다. 또한 메릴린치도 지난 2월에 '메릴 에지 가이디드 인베스팅(Merrill Edge Guided Investing)'을 선보였다.

이들 하이브리드 로보어드바이저는 전용 온라인 사이트를 통해 수분 내 가입이 가능한 것이 특징이다. 투자자가 개인정보, 투자목표, 투자금액 및 기간, 위험감수도 등 10여 개의 질문에 응답하면, 로보어드바이저가 투자전략 및 포트폴리오를 추천해 주고 필요시 계좌도 개설해 준다. 가입과 포트폴리오 관리, 자문 등 모든 서비스는 온라인 전용사이트를 통해 제공되며, 자문인력이 온라인, 콜센터 등을 통해 24시간 상품 관련 문의를 응대한다.

출처: 디지털타임스(2018.01.23.).

(3) 보안·인증기술과 간편 결제

간편 결제서비스는 플라스틱 형태의 카드를 사용하는 기존의 오프라인 결제서비스나 각종 보안프로그램을 설치하여 사용하는 온라인 결제서비스를 최근에 개발된 정보통신기술을 활용하여 보다 편리하게 제공하는 서비스를 의미한다. 대표적인 것으로는 모바일을 이용한 무선결제서비스, 제3자 가상계좌기반 서비스, SNS 기반 모바일지급서비스 등이 있다.

제3자 가상계좌기반 서비스는 기존의 금융기관이 아닌 제3자의 서비스를 통하여 보다 간편하게 대금을 결제하는 방식이다. 즉, 사전에 가상계좌기반 서비스 제공기관에 자신의 신용카드나 계좌정보 등을 저장한 후, 대금을 지급할 때 서비스 제공기관의 가상 계좌를 통하여 자금이 이체되도록 하는 방식이다.

SNS 기반 모바일지급서비스는 SNS 업체가 자신의 메신저 플랫폼을 금융기관과 연계하여 회원 간 소액이체 서비스와 가맹점에서의 물품 구매대금 지급서비스 등 간단한 지급서비스를 제공하는 것이다. 대표적인 서비스로 우리나라의 카카오페이가 있다. 이는 은행과 연계하여 SNS 업체가 제공하는 플랫폼에 현금을 충전하고 이를 사용하는 형태로 기존의 온라인 선불 서비스와 유사하다.

▌중국의 핀테크 서비스

중국과 같이 금융 후진국에서 핀테크 서비스가 발달한 이유는 무엇일까? 넓은 대륙에 많은 인구를 갖고 있는 중국의 소비자들은 알리바바와 같은 전자상거래 온라인 쇼핑몰을 통하여 상품을 구입할 때 적절한 대금 수단 선택에 어려움을 겪었다. 신용카드 발급이 매우 제한되어 있기 때문에 카드를 통한 대금 지급이 어려웠고, 은행계좌를 갖고 있는 사람도 많은 가운데 지방은행 간 송금 수수료가 높아서 실제 거래에 활용되기에는 어려움이 있었다. 때문에 전자상거래 업체인 알리바바는 자신이 직접 온라인 결제시스템 구축을 추진하게 되었고, 결국 알리페이를 개발하게 된 것이다. 한편 중국의 금융감독 당국도 중국 지급결제시스템의 이러한 문제점을 인식하여, 비금융기관인 알리바바가 지급결제서비스를 제공하는 것을 허용하게 된 것이다.

반면 우리나라는 국토면적이나 인구 규모가 상대적으로 작은 가운데 대부분의 온라인 쇼핑몰 소비자들이 신용카드나 은행계좌를 보유하고 있으며 관련 수수료도 저렴하기 때문에 굳이 이러한 새로운 서비스를 필요로 하지 않았다. 다만 개인 정보보호를 위한 공인인증서의 사용이 의무화되어 있거나 개인인증 프로그램이 복잡하여 불편함이 있었을 뿐이었다. 때문에 우리나라의 핀테크는 기존의 결제서비스를 간편하게 수행하는 방식으로 전개되었다. 결국 새롭게 개발되는 서비스의 형태는 각 시장이 처한 환경과 필요에 따라 결정되는 것이다.

출처: 중앙일보(2019).

3. 핀테크의 발전과 기대효과

1) 금융소비자 측면

(1) 금융포용(Financial inclusion) 확대

우선, 전례 없는 디지털 금융의 성장세로 핀테크를 통한 금융포용 확대의 가능성이 크게 증가하고 있다. 적정한 금융역량과 결합된 디지털 금융은 규모의 경제를 달성하여 관련 비용을 절감시키고 있으며, 이를 통해 보다 많은 소비자에게 신뢰성 있는 서비스를 신속하고 효율적으로 제공하여 고객편의를 증대시키고 있다. 특히, 전통적인 금융 인프라가 확립되지 않은 지역에서는 혁신적인 핀테크 모델이 보다 신속하게 확산되며 금융포용에 크게 기여하고 있다.

(2) 더욱 좋은 상품을 편리하게 이용

빅 데이터 분석, 로보어드바이저 등을 이용해 고객의 기대치에 근접한 맞춤형 금융상품 · 디지털 경험이나 서비스를 제공할 수 있다. 가령 Amazon, Apple, Facebook, Google 등은 뛰어난 데이터 관리 능력을 활용하여 고객요구에 보다 기민하게 대응하고 있다. 또한 핀테크는 대면채널로 금융거래를 한정 짓지 않으며, 모바일이나 웨어러블(wearable) 디바이스를 이용해 시간적 · 공간적 제약을 초월하는 금융거래를 가능하게 한다. 이로 인해 금융소비자는 자신이 원하는 시간에 원하는 방식으로 금융상품 및 서비스를 이용할 수 있다.

2) 금융산업의 측면

(1) 경쟁 촉진을 통한 금융시장의 효율성 증진

종전 금융시장은 자본금 등의 높은 진입규제로 인해 대형 금융회사 위주의 과점적 시장 형태로 구성되어 있었다. 그러나 새로운 핀테크 기업이 금융업에 진출함에 따라 와해적 혁신이 일어나고 경쟁이 증가하여 금융시장의 효율성이 증진되고 있다. 가령 최근 인터넷전문은행 영업개시 이후 기존 은행들도 대출금리 인하나 고객서비스 개선 등을 발표하는 것 등이 그 사례이다.

(2) 새로운 상품 개발 및 영업환경 개선

기존 금융서비스나 프로세스를 재설계(re-engineering)하거나 전통적인 금융서비스와 핀테크의 결합으로 새로운 상품 · 서비스 제공이 가능하다. 또한 기존 고객에게 디지털 플랫폼을 활용한 신규 서비스를 제공하여 고객 유지 · 관리에 경쟁우위를 확보하거나, 소셜미디어 등 인터넷 기업과의 제휴를 통해 신규 고객도 창출될 수 있다. 더불어, 보다 다양해진 데이터와 알고리즘으로 인해 신용평가 체계도 향상되고 있는데, 가령 소셜미디어 등과의 제휴로 기존 금융회사가 가지지 못했던 고객의 비재무적 정보도 신용평가에 활용할 수 있게 되었다. 이를 통해 금융회사의 의사결정 속도가 빨라지고 비용도 절감할 수 있다.

	기대효과	리스크 요인
금융 소비자	‣ 소비자가 원하는 금융상품 및 서비스를 저렴한 비용으로 이용 • P2P, 소액외화송금, 간편결제, 간편송금 ‣ 금융포용 확대 • 비대면 디지털 금융의 확산으로 금융서비스에 대한 접근성 향상 • 빅데이터 분석을 통해 기존 금융거래 정보가 없는 고객에게도 서비스 제공가능	‣ 개인정보 유출 등 사생활 침해 가능성 • 위치정보, 생체정보, 개인신용정보 도난 등 ‣ 차별 및 기회불평등 확대 가능 • 빅데이터 분석으로 우량고객에만 혜택이 집중되는 현상 심화 우려 ‣ 소비자보호 취약 • 탈중개화 등으로 인한 신용, 파산 리스크 등 소비자 전가
금융 산업	‣ 경쟁 촉진을 통한 금융시장 효율성 증대 • 디지털화로 인건비 등 영업비용 절감 • 신종 금융상품 및 서비스 등장 ‣ 빅데이터 활용으로 신용평가, 고객관리, 리스크관리 기법 개선	‣ 기술진보로 인한 고용 감소 ‣ 운영리스크 및 컴플라이언스 리스크 증가 • 클라우드서비스 등 외부서비스 제공업체 이용 증가, IT기반 서비스 확대에 따른 사이버 공격 우려

[그림 12-7] 핀테크 발전의 기대효과와 위험요소

출처: 금융감독원(2017.4.28.).

▌사라지는 동네은행

요즘 길을 걷다 보면 흔히 듣는 말이 있다. "○○은행 어딨어요?" 우리 주변에 지천으로 널렸던 은행 점포들이 하나둘씩 사라지고 있다는 의미다. 은행들이 지점을 폐쇄·통합하는 등의 점포 구조조정을 추진하기 때문이다. 시중은행 점포가 2012년 4,720개에서 2017년 3월 4,068개로 줄었으니 매년 100개 이상의 점포가 없어지는 셈이다. 대부분의 점포가 수도권에 몰려 있는 점을 감안하면 지방이나 시골에서 '동네은행'을 찾기란 더더욱 어려울 것이다.

물론 시중은행들의 점포 축소는 급격한 환경 변화에 대응하는 생존전략의 일환이다. 국내 금융산업은 글로벌 금융위기 이후 저금리 환경이 지속되면서 성장이 멈춘 지 오래다. 이러한 환경에서는 비용 절감을 통한 수익성 방어가 경영의 최우선 과제인데, 가장 효과적인 방법이 점포를 줄이는 것이다. 또 다른 이유로는 디지털 중심의 채널 환경 변화를 들 수 있다.

대부분의 금융거래가 스마트폰으로 빨려 들어가는 '내 손 안의 금융'이 확산되면서 점포를 이용하는 고객은 열에 하나 정도에 불과하다. 즉, 금융산업에 불고 있는 디지털 트랜스포메이션(Digital Transformation)이 점포 중심의 영업 방식을 금융 플랫폼으로 대체하고 있는 것이다.

▌간편결제, 나도 핀테크로 금융을 배운다. 지갑없이 결제를? '문열린 핀테크시대!'

인터넷 뱅킹, 모바일 뱅킹 등과 같은 서비스를 예전에는 금융권 기업에서 제공했다면 이젠 기업에서 제공하는 추세로 바뀌고 있다. 다음은 대표적인 사례들이다.

• 국내 출시·출시 예정인 간편결제

• 위 사례들 중 자신이 쓰고 있는 'PAY'에 대해 써 봅시다.

'Pay'의 종류	사용 목적(용도)	편리성

부 록

〈핵심 금융용어 정리〉

1. 저축

저축은 현재의 소비를 포기하고 미래로 소득을 이전하는 것으로, 사전적으로 '절약하여 모으다, 아껴서 쌓아 두다'라는 저축의 개념 속에는 투자활동도 포함되어 있다.

2. 소비

경제활동을 통해 얻은 소득을 본인이 원하는 곳에 합리적으로 사용하는 것을 말하며 소득이 한정적이므로, 자신의 행복을 극대화하기 위해서는 합리적인 소비생활을 영위할 필요가 있다.

3. 예금통장

은행 등에서 가입할 수 있는 금융상품으로 자유롭게 돈을 넣었다 뺐다 할 수 있는 수시 입출금이 가능한 보통예금이나 저축예금 통장을 말한다.

4. CMA(Cash Management Account)

증권회사나 종합금융회사에서 가입할 수 있는 금융투자상품으로 원금손실위험이 매우 낮은 채권 등에 주로 투자하며 자유롭게 돈을 넣었다 뺐다 할 수 있다.

5. 적금

정해진 기간 정기적으로 일정 금액을 꾸준히 저축하는 상품으로, 1인당 원금과 이자를 포함하여 5천만 원까지 예금자 보호가 되며, 금리가 낮지만 안전하게 목돈 마련이 가능하다.

6. 펀드

여러 투자자들의 돈을 모아 투자전문가인 펀드매니저가 주식 · 채권 · 원자재 등 다양한 자산에 투자하여 수익이 나면 수익을, 손실이 나면 손실을 배당하는 실적배당상품으로 원금손실의 위험이 있다.

7. 주택청약저축

신규 분양하는 국민주택과 민영주택을 청약할 수 있는 통장으로 연 96만 원 한도 내에서 납부액의 40%를 소득공제 받을 수 있으며, 반드시 주택 청약에 이용하지 않더라도 일반 적금처럼 목돈 마련에 활용할 수 있다.

8. 연금저축

노후대비를 위한 장기저축성 금융상품으로 만 55세 이후부터 저축액을 연금의 형태로 수령할 수 있는 상품이다.

9. MMF(Money Market Fund)

단기채권 등에 주로 투자하는 펀드의 일종으로 상대적으로 원금손실 위험이 매우 낮으며 수시입출금이 자유로운 투자상품이다.

10. 정기예금

일정 금액을 정해진 기간 동안 저축하는 금융상품으로 1인당 5천만 원까지 예금자보호가 되는 상품이며, 대부분 100만 원 등의 최소가입 금액제한이 있다. (취급기관은 적금과 동일)

11. 채권형펀드

펀드에 모인 돈을 채권에 60% 이상 투자하는 상품이다.

12. 저축성보험

질병이나 부상 등 사고 위험에 대비한 것이 아니라 저축을 주된 목적으로 가입하는 보험상품이다. 예금자보호가 되며 일정 요건을 충족할 경우 발생하는 보험차익은 비과세 한다.

13. 원금손실

투자 후 원래의 돈보다 적은 돈을 돌려받게 되는 것을 말한다. 투자상품은 경기하락 등 투자대상의 가치에 영향을 미치는 요인들에 의해 원금손실이 날 수 있다.

14. 주식

주식회사가 발행한 자본 출자 증권으로, 주식을 보유한 사람을 주주라고 하며, 주식의 보유 정도에 따라 회사의 수익 및 자산 등에 대해 자신의 몫을 청구할 수 있다.

15. 빅 쇼트 (Big short)

가치가 하락하는 쪽에 집중 투자하는 전략을 일컫는 주식 용어(공매도)이다.

16. 수익률

매도금액에서 매입금액을 뺀 매매차익에 투자기간 동안 발생한 현금흐름을 합산 또는 차감한 다음 매입금액으로 나눈 후, 비율로 환산한 것이다.

17. 리스크

금융에서 많이 사용되는 리스크란 용어는 불확실한 미래 상황에 노출된 상태로서 미래 결과에 따라 좋을 수도 있고 나쁠 수도 있다.

18. 공매도(Short Selling)

'없는 걸 판다'는 뜻으로 주식이나 채권을 갖고 있지 않은 상태에서 행사하는 매도 주문이다.

가격이 떨어질 것으로 예상되는 주식을 먼저 팔고 나중에 가격이 떨어지면 그 주식을 사서 시세차익을 누린다.

19. ELS(Equity Linked Securities: 파생결합증권)

특정 주식이나 지수와 연계하여 약속한 수익을 지급하는 투자상품으로 원금손실이 날 수 있는 원금 비보장형 금융상품이다.

20. 변액보험

보험사에 납입한 보험료 중 일부를 주식, 채권 등에 투자하는 상품으로, 수익에 따라 만기환급금이 달라질 수 있으며, 질병이나 사망 등 위험보장 특약 등이 결합된 상품도 많다.

21. 분산투자

서로 다른 수익 특성을 가진 자산에 돈을 나누어 투자하는 것을 말한다.

22. 보험료

보험계약을 한 사람이 보험회사에 납부하는 돈이다.

23. 보험금

보험회사가 보험약관 등 계약에 따라 사고나 질병 등의 발생 시 보험금을 받을 사람(보험수익자)에게 지급하는 돈이다.

24. 사망보험

사람이 사망 시 약속한 금액을 보험금으로 지급하는 상품이다.

25. 실손보험

보험금을 사전에 정하지 않고 보험에서 위험을 보장하는 사고나 비용 등이 발생했을 때, 실제 보험가입자가 부담한 금액을 기준으로 그 일부를 보험금으로 지급한다.

26. 비급여항목

우리나라 국민이면 국민건강보험에 의무적으로 가입하여 병원비나 약값이 발생했을 때 일부 금액을 보조받을 수 있으나, 미용 목적의 치료 등 국민건강보험에서 비용을 지원하지 않는 병원비나 약값 등이 있는데 이를 비급여항목이라고 한다.

27. 본인부담금

병원비나 약값 등이 발생했을 때 보험에서 보험금을 지급해 주지 않고 본인 스스로 부담하도록 하는 부분이다. 병원비 등이 모두 지급될 경우 불필요한 진료나 치료 등을 받을 수도 있기 때문에 이를 방지하기 위한 장치이다.

28. 보험설계사

보험회사를 위해 보험가입자에게 보험을 소개하고 판매하는 역할을 하는 사람을 말한다.

29. 주택담보대출

집을 담보로 돈을 빌리는 것을 말한다. 만약 나중에 돈을 갚지 못하면 돈을 빌려준 금융회사는 담보인 집을 처분하여 빌려준 돈을 회수한다.

30. 모기지론(Mortgage Loan)

부동산을 담보로 주택저당 증권을 발행, 주택자금을 대출해 주는 제도이다.

31. 서브프라임 모기지론(subprime mortgage loan)

신용도가 일정 수준 이하인 저소득층을 상대로 한 '비우량 주택 담보 대출'이다.

32. 주택담보대출비율(LTV: Loan To Value ratio)

집을 구입할 때 대출이 차지하는 비율로, 비율이 높을수록 많은 대출로 주택을 구입한다.

33. 전세대출

주택전세계약을 한 후, 전세보증금을 담보로 대출받는 것을 말한다.

34. 일반신용대출

개인의 경제적 신용을 살펴 담보물 없이 돈을 빌리는 것을 말한다. 꾸준히 들어오는 소득은 얼마나 있는지, 과거에 돈을 빌린 후에 잘 갚았는지 등의 금융거래정보를 살펴 대출을 해 줄 때 금액, 대출기간, 이자율, 상환방법 등을 결정한다.

35. 마이너스대출

미리 대출가능한도 금액을 정해 두고, 돈이 필요할 때 필요한 만큼 자유롭게 인출하여 쓰고 갚는 상품이다.

36. 연체

빌린 원금과 이자를 약속한 시점까지 갚지 않고 밀린 것을 말한다.

37. 만기일시상환

대출기간 동안 이자만 갚다가 원금은 만기에 상환하는 것으로 총 이자액이 가장 많이 발생하는 상환방법이다.

38. 분할상환

대출기간 동안 '원금과 이자'를 나누어 갚는 것으로 매달 상환하는 돈이 동일한 '원리금 균등상환'과 매달 갚은 원금이 동일한 '원금균등상환'이 있다.

39. 중도상환

대출기간 중간에 원금을 상환하는 것으로 상품에 따라 중도상환수수료가 발생할 수 있다.

40. 금융사기

부족한 금융 지식이나 생활자금 부족 등 어려운 현실을 이용하여 보이스피싱, PC나 모바일을 이용한 여러 가지 형태로 선량한 개인에게 금융피해를 주는 것을 말한다.

41. 불법채권추심

돈을 빌려준 사람인 채권자가 돈을 갚으라고 독촉하는 과정에서 관련 법규를 위반하는 것을 말한다.

42. 신용등급

금융회사는 돈을 빌려줄 때, 개인의 금융거래정보를 바탕으로 가장 경제적 신용이 좋은 1등급에서 가장 신용이 나쁜 10등급으로 금융소비자를 나눈다.

43. 기업공시제도(corporate disclosure system)

상장회사는 증권의 투자판단에 중대한 영향을 미칠 수 있는 중요한 기업 내용에 관한 정보를 반드시 공시하여야 한다.

44. 파생상품(derivatives)

기초자산의 가치 변동에 따라 가격이 결정되는 금융상품을 말한다.

45. 핀테크(FinTech)

금융(Finance)과 기술(Technology)의 합성어로, 금융과 정보통신기술의 융합을 통한 금융서비스 및 산업의 변화를 통칭한다.

참고문헌

강지영 · 문재희(2014). 투자, 실패와 성공사이. 서울: 금융감독원 금융교육국.

곽해선(2020). 주식투자 궁금증 300문 300답. 경기: 혜다.

금융감독원(2017. 04. 28.). 금융부분 4차 산업혁명 동향과 향후 대응방안(보도자료).

김동원 · 김기화(2005). 화폐금융과 경제활동. 서울: 다산출판사.

김종선 · 김종오(2006). 금융과 재테크. 서울: 비앤엠북스.

김현섭 · 민병혁 · 이호용 · 홍은미(2019). 금융지식이 이렇게 쓸모 있을 줄이야. 서울: 메이트북스.

디지털타임스(2018. 01. 23.). "로봇이 자산관리"…인간자문 결합 '하이브리드형 자산관리' 열풍.

린지(2019). 직장인, 100만 원으로 주식투자 하기. 서울: 동양북스.

박지수(2020). 경제기사를 읽으면 주식투자가 쉬워집니다. 서울: 메이트북스.

서영수(2012). 금융과 리스크관리. 경기: 교문사.

세계일보(2017. 10. 16.). '한방' 심리에 묻지마 투자 러시…제2의 '튤립 버블' 우려.

오건상(2014). 펀드재테크 정석: 구체적인 펀드투자 전략과 필수 지식. 서울: 어드북스.

윤재수(2020). 주식투자 무작정 따라하기. 서울: 길벗.

이정윤(2020). 삼박자 투자법. 경기: 이레미디어.

이충열 · 이희숙 · 임동섭 · 임진 · 주소현 · 홍동현(2017). 대학생을 위한 실용금융. 서울: 금융감독원 금융교육국.

정채진 · 박석중 · 이광수 · 김한진 · 김일구 · 여의도클라스 · 윤지호 · 최준영(2020). 코로나 투자 전쟁. 서울: 페이지2북스.

조담 · 박성태(2011). 금융과 투자의 기초. 서울: 청람.

중앙일보(2017. 09. 19.). 금보다 더 반짝반짝… 구리·니켈 펀드 '수익왕'

최남진(2018). Finance and Economy 금융과 경제. 서울: 박영사.

최성만 · 박경섭(2005). (Excel을 활용한)부동산금융과 투자. 서울: 부연사.

최현자 외(2018). 즐거운 금융교실. 서울: 금융감독원 금융교육국.

통계청(2018). 2017년 사망원인통계.

포브스(2020). 한국 부자 순위 50.

허영도(2014). 국제금융과 환율. 서울: 탑북스.

한국금융투자자보호재단(2014). 2013 펀드 투자자 조사.

한국금융투자자보호재단(2019). 펀드 판매 회사 평가.

한국금융투자협회(2015). 2014 실제 펀드 수익률.

한국금융투자협회(2019). 2018 수익 손실 투자자 비율.

KB금융지주 경영연구소(2020). 한국부자보고서.

LG경제연구원(2014. 08.). Ernst & Young. Landscaping UK Fintech.

Brueggeman, F. (2006). 부동산 금융과 투자. [Real estate finance and investment(12th ed.)] (김규진 · 김영곤 · 박원석 · 신창득 역). 서울: 부연사(원저출판: 2005).

Conaghan, D. & Smith, D. (2018). 보통 사람을 위한 금융 공부. [Book of money: everything you need to know about how world finances work] (박수철 역). 서울: 메이트북스(원저출판: 2013).

Eker, T. Harv(2020). 백만장자 시크릿. [Secrets of the millionaire mind] (나선숙 역). 서울: 알에이치코리아(원저출판: 2005).

Schwab, K. (2017). 클라우스 슈밥의 제4차 산업혁명. [Fourth industrial revolution] (송경진 역). 서울: 새로운현재(원저출판: 2016).

찾아보기

(ㅁ)

(ㅂ)

(ㅅ)

(ㅇ)

(ㅈ)

(기타)

저자 소개

금진호

한남대학교 대학원 교육학석사

현) 목원대학교 / 대전과기술대학교 세무회계학과 겸임교수
한국연금개발원 수석연구위원
TJB 대전방송, 한국교통방송 금융·경제 패널
쿠키뉴스, 충남일보 경제 칼럼니스트

전) 미래에셋생명 고문

김만석

한국과학기술원(KAIST) 금융공학석사

현) 유원대학교 / 한국영상대학교 겸임교수

전) KB국민은행 지점장

유경숙

이화여자대학교 대학원 경영학석사

현) 한국영상대학교 교양학부 외래교수
Kumho Pharmaceutical Co.,Ltd 사외이사
라이나생명보험 Bancassurance 본부

전) 미래에셋생명보험 Financial Consultant 본부
고용노동부 경영자총협회 생애설계 연구위원

감수위원

이용재 한국밸류자산운용 대표
홍경식 한국연금개발원 대표
손성동 한국연금연구소 대표

청년들의 금융·투자 필독서!

스마트한 투자학

1판 1쇄 인쇄 — 2021년 3월 2일
1판 1쇄 발행 — 2021년 3월 5일

저　　자 - 금진호 김만석 유경숙
발 행 인 - 강철원
발 행 처 - 양성원
주　　소 - 경기도 파주시 검산로 173번길 29-20
전　　화 - 031-946-3861(代)
팩　　스 - 031-946-3864
이 메 일 - tnwpub@naver.com
홈페이지 - tnwpub.co.kr
출판등록 - 2015년 8월 31일 제 2015-000211 호

ISBN 979-11-6126-358-8

정가 17,000원

※ 저자와 협의하여 인지는 생략합니다.
※ 저작권법 제136조(벌칙)에 따라 위반자는 5년 이하의 징역 또는
5천만 원 이하의 벌금에 처하거나 이를 병과할 수 있습니다.